카툰
인문학 ①

카툰 인문학 ①

발행일	2016년 5월 16일		
지은이	전 왕		
펴낸이	손 형 국		
펴낸곳	(주)북랩		
편집인	선일영	편집	김향인, 서대종, 권유선, 김예지, 김송이
디자인	이현수, 신혜림, 윤미리내, 임혜수	제작	박기성, 황동현, 구성우
마케팅	김회란, 박진관, 김아름		
출판등록	2004. 12. 1(제2012-000051호)		
주소	서울시 금천구 가산디지털 1로 168, 우림라이온스밸리 B동 B113, 114호		
홈페이지	www.book.co.kr		
전화번호	(02)2026-5777	팩스	(02)2026-5747

ISBN   979-11-5987-024-8 04300(종이책)   979-11-5987-025-5 05300(전자책)
        979-11-5987-046-0 04300(세트)

이 도서의 국립중앙도서관 출판예정도서목록(CIP)은 서지정보유통지원시스템 홈페이지(http://seoji.nl.go.kr)와
국가자료공동목록시스템(http://www.nl.go.kr/kolisnet)에서 이용하실 수 있습니다.
(CIP제어번호 : CIP2016011083)

I KNOW WHAT YOU
DID LAST SUMMER

카툰
인문학 ①

변호사
전 왕

MAKE MORE CHEAPER OURS
AND DIE REST OF ALL!!

북랩 book Lab

Intro

인문학은 인간의 사상 및 문화를 대상으로 하는 학문 영역으로서 인간과 관련된 근원적인 문제를 다루고 있기 때문에 우리에게 세상의 흐름을 읽고 이해하는 식견과 안목을 제공하여 복잡한 세상사와 삶에서 부딪치는 문제를 풀어나가는 지혜의 원천이 됩니다. 한 시대의 문제는 결국 인간의 문제이며 변화무쌍한 세상사를 예측하고 적절한 대책을 강구하기 위해서는 인간에 대한 이해, 인문학적 소양이 필수적으로 요구됩니다.

우리는 지금까지 당장 배워서 써먹을 수 있는 기술과 어학교육에 치중해 왔고 입시 위주의 교육은 우리를 영어, 수학에 몰입하도록 내몰아 왔습니다. 또 당장 눈앞에 보이는 이익을 추구하는 상업주의에 물든 교육 풍토는 돈이 되지 않는다는 이유로 인문학적 가치를 소홀히 해 온 것이 사실입니다. 이러한 태도는 약자에 대한 비하·따돌림, 물신주의, 인간 소외, 생명 경시 풍조, 환경 파괴 등의 부작용을 초래하여 모두의 안전과 행복을 위협하고 있을 뿐 아니라 장기적으로 부를 가져올 수 있는 미래가치를 창출해 내는 일을 등한시하게 되어 우리의 미래를 어둡게 하고 있습니다.

롤프 옌센은 「Dream Society」에서 "정보의 독점 시대는 끝났고 인터넷은 경계가 없기 때문에 미래의 전쟁은 아이디어와 가치관을 내용으로 하는 문화와 이야기의 전쟁, 콘텐츠 전쟁이 될 것이며 뛰어난 이야기를 가진 전사가 세계와 시장을 지배할 것이다. 미래에는 기술, 정보, 군사력보다 문화 콘텐츠, 소프트 파워를 갖춘 문화의 힘이 세계를 지배할 것이다."라고 하였습니다.

역사에 상상력을 가미한 역사 드라마가 문화상품으로서 큰 부가가치를 창출한 것을 보면 인문학이 돈이 되지 않는다는 말도 이미 옛이야기가 되었습니다. '잭과 콩나무' 이야기에서 우주 엘리베이터 사업 아이디어를 얻게 된 것, '한 알의 모래 속에서 세계를 보고, 한 송이 들꽃 속에서 천국을 본다'는 시에서 영감을 얻어 스티브 잡스가 손안의 작은 세상 스마트폰을 발명한 것처럼, 사람들은 관계없는 이야기처럼 보이는 글 속에서 전혀 다른 사고방식을 접하게 되고 세계를 보는 눈이 바뀌게 되며 현재와 미래를 통찰할 수 있는 안목이 생기게 됩니다. 인문학적 소양에 바탕을 둔 상상력, 아이디어, 통찰력에 의해 경제적 부가 창출되고 새로운 사회가 만들어지는 것입니다.

이 책은 필자의 의견, 전문지식이나 연구결과를 소개하고자 하는 것이 아니라 문학, 철학, 역사, 정치, 경제, 문화, 예술, 인류학 등 인문학 분야의 필독서를 망라하여 인문학적 소양과 인성을 함양할 수 있도록 잘 정리된 책을 만들어 보고자 하는 의도에서 집필되었으며, 그것이 저자의 능력의 한계임을 밝혀 두고자 합니다. 여러 분야의 선지자, 석학들의 연구결과를 엄선하여 알기 쉽게 정리하는 것 역시 필요한 일이며 필자의 부족한 능력은 "현자의 임무는 정리하는 것이다."라는 토마스 아퀴나스의 신조로써 용기를 얻고자 합니다. 이 책을 읽으시는 모든 독자분들이 인간과 자연, 문명, 문화, 예술에 대한 이해를 높이고 통찰력을 기름과 동시에 인간을 존중하고 자연을 사랑하며 정신적 풍요 속에 진정 행복한 삶을 살아가시기를 기원합니다.

재판 준비 업무로 바쁜 와중에도 헌신적으로 원고 정리 작업을 도와준 비서 육경희 님과 책의 개요를 그림으로 센스 있게 표현하여 이해하기 쉽게 정리해 준 일러스트레이터 주영아 님, 감각적이고 그림을 돋보일 수 있게 커버 디자인과 편집 디자인을 해 준 그래픽 디자이너 이지수 님께 감사드립니다.

2016년4월 15일

서초동 사무실에서

변호사 전 왕

Contents

제2장 욕망

제3장 사랑

제4장 정의

1

현대문명

제1장 현대문명

제1절 속도

1. 속도의 충돌

앨빈 토플러(*Alvin Toffler*)의 저서 「부의 미래(Revolutionary wealth)」에 의하면 사회와 제도가 뒤처져 있을 때는 부를 창출하는 잠재력이 제한된다. 즉 속도의 충돌(clash of speed)은 발전에 장애가 된다. 그에 의하면 속도는 기업 > 시민단체 > 노동조합 > 정부조직 > 학교 > 법의 순서로 빠른데 정치조직, 학교, 법이 사회 변화에 가장 뒤처진 조직이며 재판에 수년이 소요되는 것은 인터넷 시간과의 대결에서 사법이 패한 것이다.

학교는 어느 정도 전통과 명성이 쌓이면 별다른 노력을 기울이지 않아도 제 발로 들어오겠다는 사람들이 줄지어 있고, 정당조직은 선출직 공직자를 배출하는 독점적 통로가 된다. 재판은 오래 끌고 집행력이 부실하여 승소해 봐야 별 이득이 없는 경우가 많다. 독점 관료주의와 타성에 젖어있는 조직은 살아남기 어렵다. 앨빈 토플러는 속도에 적응하지 못하면 도태될 수밖에 없으므로 변화의 흐름을 읽고 항상 준비하는 자세로 살아갈 것을 촉구하였다.

학교, 정당, 법은 사회 변화에 가장 뒤떨어진다. 속도에 적응하지 못하는 조직은 결국 도태될 수밖에 없다. 교육은 없고 학습만 있는 곳, 정치는 없고 선동만 있는 곳, 이런 학교와 정당이 계속 남아 있기는 어려울 것이다.

과학기술의 발달, 자본의 세계화는 인류의 삶을 엄청난 속도로 바꿔 나가고 있다. 질주하는 세계는 인간에게 불안과 공포로 다가온다.

앤서니 기든스(Anthony Giddens)는 과학기술 경제의 세계화가 가져온 오늘날의 세계를 질주하는 세계(runaway world)라고 하였다. 세계화는 거스를 수 없는 대세가 되어 시장뿐 아니라 사적인 삶의 양식까지 변화시켰고 기술 발전으로 인한 급속한 변화는 혼란과 불안정을 증대시켜 많은 사람들에게 악몽이 되었다. 예컨대 IT 기술의 발달과 디지털 기술의 격차, 정보 격차는 그에 익숙하지 못한 사람들을 문맹으로 만드는 등 변화의 무시무시한 템포는 사람들에게 불안과 공포로 다가와 변화와 속도에 적응하지 못하는 사람들에게 소외감을 느끼게 한다.

3. 미래의 충격

 빠른 속도는 시간을 단축시키고 공간의 한계를 뛰어넘어 효율성을 높여 주었으나, 그로 인해 자연과의 일체감, 자연 속에서의 존재감, 지역 특성이 사라지고 삶이 표준화되었다. 현대인들은 빠른 속도에 적응하여 뒤처지지 않는 삶을 살기 위해 노력하지만, 그 과정에서 삶이 즉석적으로 변하고 물질적 풍요만을 추구함으로써 본질적 가치를 잃어버리고 있는데 앨빈 토플러는 이를 미래의 충격(Future Shock)으로 표현하였다. 이러한 속도 문명의 사회에서는 기술 문명의 가치를 혐오하거나 빠른 속도에 적응하지 못하여 사회로부터 도피하는 사람들이 생겨난다.

 속도에 적응하기 위해 현대인의 삶은 즉석적으로 변했고 물질적 풍요만을 추구함으로써 삶의 본질적 가치를 잃어버리고 있다.

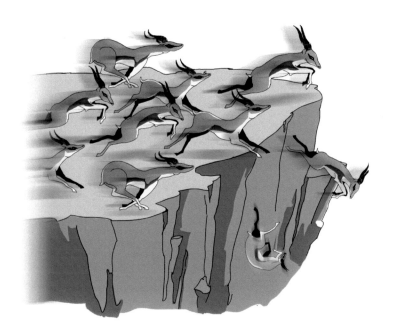

스프링벅 무리는 전속력으로 질주하다가 바닷가 절벽에 이르러 집단자살을 하는 것처럼 모두 바다로 추락한다. 이처럼 목표와 방향이 분명하지 않은 맹목적 속도는 파국에 이르게 된다.

　남아프리카의 칼라하리 사막에 사는 '스프링벅'이라는 산양들은 20~30마리씩 떼를 지어 다니며 풀을 뜯어 먹다가 점차 수가 늘어나 몇만 마리에 이르는 거대한 무리가 되는 경우가 있다. 이들은 처음에는 천천히 움직이다가 서서히 전진하면서 풀이란 풀은 모조리 뜯어먹는다. 행렬의 뒤쪽에 있는 양들은 먹을 풀이 없어지게 되어 앞으로 비집고 들어가려 하고, 이 움직임은 앞의 양들을 떠미는 꼴이 되어 파도처럼 앞으로 계속 전해져서 앞에서 걷던 양들을 뛰게 하고, 앞에서 뛰니까 뒤에서도 따라서 뛰게 된다. 뒤에서 달려오니 앞에서는 더욱 필사적으로 달음박질을 할 수밖에 없고 모두가 전속력으로 질주하다가 집단자살을 하는 것처럼 떼죽음을 당하게 된다. 이처럼 목표와 방향이 분명하지 않은 맹목적 속도는 파국에 이르게 된다.

5. 빠른 속도와 삶의 왜곡①

빠른 속도로 달리는 철도여행에서는 출발지와 도착지, 물건의 운반만 있을 뿐, 사이 공간, 풍광이 없다. 속도는 공간을 살해하고 풍광을 빼앗아 버린다.

볼프강 쉬벨부쉬는「철도여행의 역사」에서 "속도는 사이의 공간과 풍광을 없애고 출발지와 도착지만 있게 함으로써 여행의 즐거움과 관조, 감상의 여유를 상실케 하였고 사람이 마치 탁송화물처럼 여겨지게 되어 진정한 삶의 기쁨과 소통을 방해하게 되었다."고 하였다.

또 하이네는 "철도를 통해서 공간은 살해당했다. 그리고 우리에게 남아있는 것은 시간밖에 없다."고 하였다. 철도는 이제까지 마음대로 갈 수 없었던 새로운 공간을 열어 놓았지만 다른 한편으로 엄청난 속도로 그 사이의 공간을 없앴다는 것이다.

빠른 속도는 자연 속에서의 일체감과 여유를 빼앗고 인내심과 생각을 숙성시키는 기회를 앗아가 인간의 내면을 성찰하여 충실하게 하는 데 방해가 되기도 한다.

기계의 빠른 속도는 인간의 감각을 무디게 하고 비인간화를 초래하며 자연환경을 훼손한다.

현대사회에서는 속도가 빠를수록 이익이 증가하며 속도는 곧 시간, 돈이다. 이 때문에 현대인들은 더 빠른 속도로 내몰리고 있다. 제이 그리피스(Jay Griffiths)는 저서 「시계 밖의 시간(A sideway look at time)」에서 속도 이데올로기를 파시즘에 비유하였다. 그에 의하면 속도 이데올로기로 무장하고 있는 다국적 기업들은 다른 경쟁자들을 물리치고 사업에 방해되는 환경, 사람들을 파괴하고 자신이 정한 기준과 스타일, 입맛에 맞출 것을 강요한다. 제이 그리피스는 이러한 다국적 기업을 파시스트 권력이라고 표현하면서 이들은 일체의 이데올로기적 반대를 허용하지 않으며, 시장의 한 선두주자가 경쟁자들을 몰락시켜 궁극적으로 전 지구적 지배를 추구하고 자신의 앞길에 방해되는 환경이나 사람들을 파괴하고 획일화를 강요하는 전체주의라고 비판하였다.

속도 이데올로기로 무장하고 있는 다국적 기업이나 선두 기업은 다른 경쟁자들을 몰락시키고 자신의 지배권을 확립하고자 한다. 이것은 환경과 인간을 파괴하고 획일화를 강요하는 전체주의적 발상이다.

7. 빠른 속도와 삶의 왜곡③

  빅토르 위고는 그가 쓴 편지에서 속도는 관조의 여유와 여행의 기쁨, 아름다움을 보는 시각을 박탈한다고 하였다. 달리는 차창에서 바라보는 꽃들은 색깔의 얼룩 또는 줄무늬들일 뿐이며 창밖의 정경은 얼른 나타났다 사라지는 하나의 그림자, 유령, 번개와 같다는 것이다. 현대 산업사회는 곡선의 비효율성을 최소화하고 직선의 세계를 구축하면서 속도를 지나치게 추구함으로써 형태와 아름다움을 파악할 수 없게 하였고 선착순이라는 비인간화, 속도 숭배 의식과 문명의 폐해를 초래하였다.

고속으로 달리는 기차에서 바라보는 풍경은 그림자, 유령, 번개와 같다.
속도는 아름다움을 보는 시각을 박탈한다.

인간은 기계에 속도와 능력을 위임하게 되면서 자신의 시간과 본성을 잃어버리고 속도 그 자체에 몰입하여 기계의 속도에 의존하여 살아간다.

조립선 앞에 서서 컨베이어 벨트가 움직이는 속도에 따라 동일한 동작을 반복하는 노동자들은 손이 몇 초만 늦게 움직이면 전체 작업이 엉망이 되기 때문에 해고되지 않기 위해서 제대로 숨도 쉬지 못하고 기계의 속도에 맞추어 손을 움직여야 한다. 속도는 노동자의 자유와 자율성을 박탈하고 노동자는 자기 삶의 주인이 되지 못하고 산업사회의 부속품으로 전락한다.

과학기술은 이성의 산물이며, 이성은 인간 행복을 위해 신과의 오랜 투쟁 끝에 인간이 얻어낸 훈장과 같은 것인데 어째서 인간은 본성의 기쁨을 과학기술의 속도감과 교환하게 된 것일까?

밀란 쿤데라 「느림」중에서

현대인들은 시간을 확보하여 좀 더 여유롭게 살기 위해 바삐 움직이지만 기계의 속도에 의존하게 되면서 더 빠른 노동으로 내몰리게 되었고 자신의 인생과 시간을 의식하지 못한 채 살아가고 있다.

찰리 채플린의 1929년 작품인 「모던 타임즈(Modern Times)」는 대공황 이후 산업화된 사회에서 살아가는 노동자의 모습을 코믹하면서도 슬프게 그리고 있다. 공장에서 나사를 조이는 단순 반복 노동을 하는 주인공은 공장의 조립선 앞에 서서 컨베이어 벨트가 움직이는 속도에 따라 동일한 동작을 반복한다. 주인공의 손은 일이 끝난 다음에도 저절로 움직이고 급기야는 앞에 가는 여자의 옷에 달린 단추를 조이려고 달려든다. 공장 생활에 잘 적응하지 못하는 찰리 채플린은 갖가지 사건에 휘말리며 취직과 해고를 반복하고, 정신병원과 감옥을 전전하다가 우연히 만난 고아 소녀와 새로운 길을 찾아 떠난다. 그러나 쭉 뻗은 아스팔트 길 역시 인간을 억압하는 다른 길로 이어져 있을 수도 있다는 점에서 그들의 미래는 여전히 불안하다. 「모던」은 속도의 광기에 사로잡힌 시대이다. 노동자는 자유와 자율성을 잃고 기계의 리듬에 따라 움직이며, 자기 삶의 주인공이 되지 못하고 산업사회의 부속품으로 전락하게 된다.

> 공장에서 나사를 조이는 일을 반복하는 찰리 채플린의 몸은 자신의 의지대로 움직이지 않고 기계의 리듬에 의해 지배된다. 그는 자기 삶의 주인이 되지 못하고 산업사회의 부속품으로 전락한다.

과속은 에너지 과소비, 자연 파괴를 초래하여 위험성을 증대시키고 사회적 불공평을 초래한다. 인간의 통제, 지배가 가능하고 적당한 속도를 가진 자전거야말로 문명의 대안이다.

이반 일리히

이반 일리히(*Ivan Illich*, 1926~2002, 오스트리아)는 저서 「에너지와 공정성(Energy and Equity)」에서 연료의 대부분은 가속하는 데 사용하고 속도를 높이기 위한 에너지 사용은 에너지 과소비로 이어져 자연 파괴, 자원 고갈, 공해를 야기한다고 하였다. 그에 의하면 속도, 에너지 과소비는 인간의 자유와 자율적 능력을 빼앗고 사회적 불공평을 확대시킨다. 또 거대 기술은 사고의 규모도 커지고 복합 기술에 내재된 불확실성으로 인해 위험성도 높다. 이반 일리히는 인간의 통제·지배 하에 있고 적정한 속도를 갖춘 자전거야말로 적정기술이며 새로운 문명의 대안이라고 하였다. 자전거는 기계를 이용하면서도 인간의 운동 능력을 활용한다는 점에서 인간의 능력과 조화를 이루는 적정기술이며 속도와 기술 발전에 있어서 중용의 길을 보여준다.

11. 속도의 역설①

우리가 속도를 숭배하며 바쁘게 살아가는 이유는 언젠가는 느리게 살기 위해서다.

　지중해의 바닷가에서 고기를 잡는 가난한 어부를 보고 도시에서 온 관광객이 "낚시를 하여 돈을 모아 작은 배를 사고, 배로 더 많은 고기를 잡아 더 큰 배를 사고, 더 많은 고기를 잡으면 많은 직원을 거느린 사장님이 될 수 있는데 왜 이곳에서 한가하게 낚시질을 하고 있는가."라고 물었다. 어부는 관광객에게 당신이라면 사장이 된 후에 어떻게 지낼 것이냐고 물었다. 그는 "언젠가는 바닷가에 와서 한가하게 낚시질이나 하면서 지내겠다."고 대답하였다. 결국 도시에서 온 관광객이 꿈꾸는 생활을 어부는 지금 누리고 있었던 것이다. 우리가 속도를 숭배하며 노심초사 초조하고 바쁘게 살아가는 이유는 언젠가 느리게(여유 있게) 살기 위해서이다. 우리는 이러한 역설과 모순 속에 살고 있다.

제논의 역설(Zenon's paradox)에 따르면, 고대 그리스 시대의 가장 유명한 운동선수인 아킬레스와 거북이의 달리기 시합에서 거북이가 일정 거리를 앞서 출발한다면 아킬레스는 절대로 거북이를 따라잡을 수 없다. 아킬레스가 거북이를 따라잡았을 때 거북이는 그사이에 얼마간이라도 더 앞으로 나가 있기 때문이라는 것이다. 모든 것이 시간 절약과 속도로 귀결되는 현대사회에서 우리는 시간을 확보하기 위해서 노심초사하지만, 시간은 많이 확보하면 할수록 더 빠르게 흘러간다. 모든 것이 더 빨라지고 편리해졌는데도 삶의 질이 별로 달라진 게 없다는 느낌은 아킬레스가 거북이를 영원히 따라잡을 수 없다는 제논의 역설을 실감하게 한다.

현대인들은 여유를 확보하기 위해 아킬레스보다 더 빠르게 달리는 데도 아직도 여유를 확보하지 못하고 있다. 아킬레스가 거북이를 따라잡을 수 없다는 제논의 역설은 적중한 것일까?

13. 속도의 역설③

날아가는 화살은 멈춰 있다. 세상은 눈부시게 발전한 것 같지만 전쟁, 폭력, 사고, 위험은 줄어들지 않았고 삶의 본질이나 인간 정신의 진화라는 면에서는 별로 나아진 것이 없다. 날아가는 화살은 멈춰 있다는 제논의 역설은 이를 말해주고 있다.

파르메니데스(*Parmenides*, BC 540~470)는 세상의 모든 변화와 움직임은 눈속임, 거짓, 환상이고 이 세상에 진정으로 존재하는 것은 변함없이 존속한다고 하였다. 따라서 일정 시점에만 진실이라고 여겨지는 것은 진짜 존재라고 할 수 없으므로 주변의 움직임에 현혹되지 말고 존재와 겉보기를 구별하여 영속적인 것에 눈을 돌려야 한다고 하였다. 제논(*Zenon*)은 날아가는 화살은 멈춰있다는 역설을 통해 '움직이는 겉모습'과 '멈춰있는 진실'에 대한 파르메니데스의 명제를 증명하려고 하였다.

오늘날 교통수단은 발달했으나 교통 정체로 말을 타고 다닐 때보다 이동시간은 줄어들지 않았다. 과학 기술의 발달로 사람들은 편리해졌으나 위험성 역시 증가하여 삶의 질은 나아지지 않았다.

세상은 겉모습만 변화하며, 빠른 속도로 변함없이 움직여도 그 본질에 있어서는 별로 나아진 것이 없다는 것을 깨닫는다는 제논의 역설(Zenon's paradox)은 우리가 무엇을 지향하며 살아가야 할 것인가를 생각하게 한다.

헨리 데이비드 소로(*Henry David Thoreau*, 1817~1862)는 스스로 꿈꾸는 자신만의 삶을 살기 위해 월든의 숲 속으로 들어가 통나무집을 짓고 콩을 심어 키우며 살았다. 그는 다른 이들에게 보조를 맞추어 쫓기듯이 살아가는 도구적 삶에서 벗어나 자신의 속도에 맞추어 살아가면서 삶에 있어서 진정 소중한 것을 찾으라고 하였다.

사과나무와 떡갈나무가 같은 속도로 자라야 한다는 법은 없다.
누구든 다른 이들과 같은 속도로 나아가야 하는 법은 없다. 그가 남들과 보조를 맞추기 위해 자신의 봄을 여름으로 바꾸어야 한단 말인가?
헨리 데이비드 소로「월든」중에서

헨리 데이비드 소로우는 성공을 좇아 무모하게 일을 추진하고 성급하게 쫓기다가 헛된 현실이라는 암초에 걸려 우리의 배를 난파시켜서는 안 된다고 하였다.

> 성공을 좇아 남들과 보조를 맞추어 쫓기듯
> 살아가지 말고 자신의 속도에 맞추어 살아
> 가면서 삶에 있어서 진정 소중한 것을 찾아
> 야 한다.
>
> 헨리 데이비드 소로

15. 속도는 관조와 성찰의 여유를 박탈한다

왜 사냐고?
그런건 없어, 그저
빨리 달리는 거지.

속도를 추구하는 사람에게는 질주
만 있을 뿐 산보와 명상은 없다. 진
지한 사유를 하고 시간을 우아하고
기품 있게 만들 여유가 없는 인생이
행복할 수 있을까?

속도를 추구하는 사람에게는 질주만 있을 뿐 산보와 명상은 없다. 속도는 관조와
성찰의 여유를 박탈하고 상상력을 마비시킨다.

근심으로 가득 차 가던 길 멈춰서
바라볼 시간이 없다면……
숲 속 지날 때 다람쥐들이 풀숲에
도토리 숨기는 걸 볼 시간이 없다면……
한낮에도 별이 총총한
시냇물을 바라볼 시간이 없다면
그것이 무슨 인생이랴!

W. H Davis (영국 시인, 1871~1940)

우리는 속도와 양에 집착하기보다 관조의 여유를 가지고 무엇을 위한 삶인지 끊
임없이 성찰하는 태도를 가질 필요가 있다. 목표와 방향이 분명하지 않은 맹목적 속
도는 파국에 이르게 된다. 정신적 여유와 평온을 되찾고 삶을 깊이 들여다보아 값지
게 살아가는 삶이 더 아름답고 행복할 수 있다.

식물은 저마다 다른 시기에 꽃을 피우고 다른 속도로 자라면서 함께 어우러져 아름다운 숲을 이룬다. 우리는 남에게 보조를 맞추지 말고 자신의 속도에 맞추어 살아가면서 삶에 있어서 진정 소중한 것을 찾아야 한다.

식물은 저마다 다른 시기에 꽃을 피우고 다른 속도로 자라면서 함께 어우러져 아름다운 숲을 이룬다. 이것은 생태적 속도를 나타내는데 공동체의 구성원이 각자의 개성을 발휘하면서 어우러져 조화롭고 건강한 사회를 이룩해 나갈 수 있다는 사실을 보여준다.

한편 돌고래 떼는 같은 속도로 헤엄친다. 이렇게 하는 것이 물의 저항을 덜 받고 적의 공격을 피할 수 있을 뿐 아니라 의사소통이 잘되어 먹이 획득과 종족 보존에 유리하기 때문이다. 생명체는 생존에 유리한 방향으로 스스로의 속도를 조절해 나가면서 자연에 적응하여 살아나간다.

한알의 모래 속에서
세계를 보고, 한송이 들꽃에서
천국을 봅니다.

> 애정결핍에서 오는 끊임없는 소유욕과 같은 광기와 무지에서
> 벗어나 감성과 시적인 영감이 넘치는 삶, 살아 숨 쉬는 것을
> 느낄 수 있는 삶을 살아야 한다.
>   피에르 쌍소 「느리게 산다는 것의 의미」 중에서

피에르 쌍소(Pierre Sansot)는 「느리게 산다는 것의 의미」에서 현대인들은 바쁘고 정확한 삶을 살아가야 한다는 것 때문에 놓치는 것이 많다는 점을 지적하면서 도태나 일탈이 아닌 여유로움이라는 관점에서 세상의 물결이나 바람에 휩쓸리지 않고, 애정결핍에서 오는 끊임없는 소유욕과 같은 광기와 무지에서 벗어나 자신의 북소리에 맞추어 감성과 시적인 영감이 넘치는 삶, 살아 숨 쉬는 것을 느낄 수 있는 삶을 살라고 하였다. 그에 의하면 '느림은 개인의 성격 문제가 아니라 시간을 급하게 다루지 않고, 시간의 재촉에 떠밀려가지 않겠다는 단호한 결심에서 나오는 것이며 살아가는 동안 나 자신을 잊어버리지 않겠다는 확고한 의지에서 비롯되는 것'으로서 그것은 '우아하고 배려 깊은 삶의 방식'이며 '나 자신을 잃어버리지 않는 능력'이며 '오래된 포도주처럼 향기로운 삶'이다.

　밀란 쿤데라의 소설 「느림(Lenteur)」에 나오는 18세기의 인물들은 정복욕과 과시욕, 속도의 엑스터시에 몸을 맡긴 채 광란과 욕정으로 살아가는 현대인들과는 달리 그 열정이 '느림'에서 생겨난다. 이들은 속도를 늦추고 여유롭고 자연스럽게 사랑을 최고조로 이끌어 나가며 마음과 몸의 흥분을 연장시켜 나간다. 이들의 사랑에는 여운이 있고 그 자취에는 향기가 있다. 밀란 쿤데라의 소설에서 느림은 삶의 본질을 회복하는 연결고리가 되고 그 안에서 우리는 행복의 어떤 징표를 찾을 수 있다.

　밀란 쿤데라에 의하면 느림의 정도는 기억의 강도에 정비례하고 빠름은 망각의 정도에 정비례한다. 신속한 결과와 효율적 일 처리만을 중시하는 삶의 태도는 인생의 감미로움을 느낄 수 없게 하고 삶의 정체성마저 상실케 한다. 밀란 쿤데라는 속도를 늦추고 한발 물러나 자신의 삶에 얼마나 만족하며 행복을 느끼는지에 대하여 돌아보라고 한다.

> 어찌하여 느림의 즐거움은
> 사라졌는가? 아, 어디에 있는가?
> 옛날의 그 한량들은?
> 민요 속의 그 게으른 주인공들,
> 이 방앗간 저 방앗간을 어슬렁거리며
> 총총한 별 아래 잠자던 그 방랑객들은
> 시골길, 초원, 숲 속의 빈터,
> 자연과 더불어 사라져 버렸는가?
> 　　　　밀란 쿤데라 「느림」 중에서

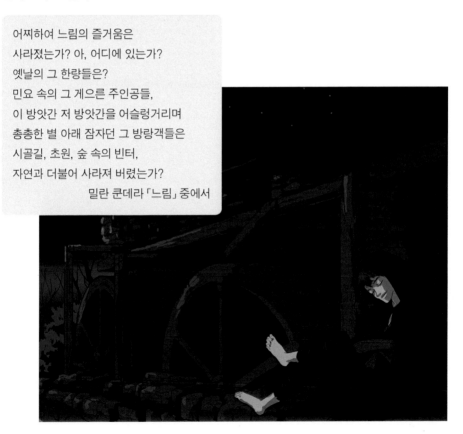

19. 속도 - 느림 ③

느림은 삶의 본모습을 회복하고 사람답게 함께 사는
길을 찾아가고자 하는 것이다.

우리는 바쁘게 돌아가는 일상 속에서 궁극의 목적을 잊고 더 많은 것을 소유하고
더 좋은 것을 소비하기를 원하며 살아간다. 현대인들은 무언가를 얻기 위해 속도를
추구하지만, 방향을 모르는 질주, 신속한 결과와 일 처리만 중시하는 삶의 태도는
인생의 감미로움을 느낄 수 없게 하고 삶의 정체성마저 상실케 한다.

속도를 추구하는 사람에게는 속도와 질주만 있을 뿐 산보와 명상은 없다. 밀란 쿤
데라에 의하면 느림은 천천히 생을 산보하면서 속도의 엑스터시, 망각의 욕망에 제
동을 걸고 자신의 시간을 우아하고 기품 있게 만든다. 생에 대한 진지한 사유는 느
림에서 시작되며 인간의 행복은 이러한 태도에서 나온다는 것이다. 밀란 쿤데라의
소설 「느림」에서는 속도를 늦추고 한발 물러나 자신이 왜 살아가는지, 현재의 삶에
얼마나 만족하며 행복을 느끼는지에 대하여 돌아보게 함으로써 느림 안에서 행복의
어떤 징표를 찾을 수 있음을 보여준다.

이탈리아어 치타슬로(citta slow)는 slow city라는 뜻으로 느린 도시, 느린 삶, 슬로 푸드를 지향한다. 치타슬로 운동은 라 돌체 비타(la dolce vita, 달콤한 인생)를 잃어버리지 않기 위한 운동이며 자연환경 속에서 고유의 먹거리와 지역 고유문화를 느끼며 삶의 질을 추구하고 인간의 속도로 문명을 꽃피우고자 한다. 이 운동은 질주하는 세계에 저항하여 공동체, 문화, 미각, 일, 자연 등 진정한 가치를 찾고자 한다.

손대현 한국 치타슬로 위원장은 느림은 속도가 아니라 방향의 문제인데 "다망多忙하면 다 망亡한다."고 하면서 "치타슬로 운동은 대안적인 삶이 아니라 우리가 본래 추구해야 할 삶의 모습을 회복하는 것으로서 잃어버린 것을 회복하고 사람답게 함께 사는 길을 찾아가는 것."이라고 하였다.

치타슬로(citta slow) 운동은 달콤한 인생을 잃어버리지 않기 위한 운동이며 잘 보존된 자연환경 속에서 인간의 속도로 문명을 꽃피우고자 한다.

21. 속도 - 느림⑤

밀레, 낮잠(1866)

16세기 이전 유럽의 전통 농경사회는 생계 유지를 위해 필요한 기간에만 일하고 나머지 시간에는 다양한 놀이와 휴식을 즐겼다고 한다.

자본주의의 발달과 함께 산업사회가 도래하면서 기계의 속도가 사회 전반을 잠식하게 되었고 노동의 강도는 더 강해졌으며 노동과 휴식은 엄격히 구분되고 게으름과 느림은 죄악시되었다. 더구나 현대사회는 빛의 속도로 유통되는 정보와 지식을 따라잡기 위해 가공할 속도에 자신의 영혼을 맡기고 살아가야 한다. 폴 라파르그(Paul Lafargue)는 「게으를 수 있는 권리」에서 "우리에게는 가만히 멈추어 서서 바라볼 시간이 필요하고, 혼자서 자신의 일을 몸소 창조적으로 행할 수 있는 시간, 외부에서 주어지는 즐거움을 주체적으로 즐길 수 있는 시간, 아무것도 생산하지 않고 우리의 모든 근육과 감각을 사용할 시간, 정말 건전한 세상을 만드는 방법을 기획할 시간이 필요하다."고 하였다.

모든 일을 게을리하세
사랑하고 한잔하는 일만 빼고
그리고 정말 게을리해야 하는 일만 빼고…

폴 라파르그 「게으를 수 있는 권리」 중에서

미음 완보하여(나직이 읊조리며 천천히 걸어) 시냇가에 혼자 앉아
명사 좋은 물(고운 모래가 비치는 맑은 물)에 잔 씻어 부어 들고
청류를 굽어보니 떠오나니(떠내려오는 것이) 도화(복숭아 꽃)로다.
무릉이 가깝도다. 저 들이 그곳인가?

정극인 「상춘곡」 중에서

자본주의 사회는 재산을 많이 소유하고 이익을 추구하는 데 가치를 두고 있고 더 빨리 더 많은 것을 소유해야 성공하는 것으로 가르친다. 그러나 인간의 욕망은 무한하고… 시간이 지나면 또 다른 필요가 생산되고… 이런 식으로 빈곤감과 박탈감은 줄어들지 않는다. 이제 사람들은 욕망을 자극하고 계속 소비해야 유지될 수 있는 자본주의는 한계에 이르렀다는 인식을 하게 되었다. 우리 고전 시가에 나오는 안빈낙도安貧樂道 의식은 물질적 욕구를 하찮게 여겨 거기에 얽매이지 않을 수 있고 진정한 마음의 여유와 편안함을 준다. 이러한 정신적 여유 속에서 비로소 인간다움에 관한 성찰이 가능하며 진정한 즐거움과 행복을 누릴 수 있을 것이다.

미음 완보하여 시냇가에 혼자 앉아 청류를 굽어 보니 떠오나니 도화로다.

23. 낭만의 소멸

과거에는 그리운 사람에게 편지를 쓰고 우체국에 가서 멀리 있는 사람에게 즐겁고, 슬프고, 다정한 사연을 보내는 것이 행복한 일이었다.

낙엽 지는 이 계절
나는 그리운 사람에게
한 통의 편지를 쓰겠습니다.
…
아름다웠던 그 시간들을 떠올리며
보고 싶은 사람에게 편지를 쓰겠습니다.

루디 「편지를 보냈습니다」 중에서

그러나 오늘날에는 멀리 있는 사람에게도 편지를 쓰지 않고 엄지와 검지로 문자판을 누른다. 모든 것이 기계화되어 빠르고 편리해졌으나 정성과 사랑이 식어간 탓에 샘물 같은 기쁨도 사라지고 삶은 더 삭막해지고 고독해졌다. 이제 사람들은 추억과 사연이 아니라 디지털 기기 속 정보의 위치로 기억된다.

> 과거에는 그리운 사람에게 편지를 쓰고 우체국에 가서 멀리 있는 사람에게 편지를 보내는 것이 행복한 일이었다. 그러나 오늘날은 손가락으로 문자판을 누른다.

정보화 사회에서는 정보와 지식이 가장 유력한 자원이 되며 네트워크를 기반으로 하는 연결성이 성공의 관건이 된다.

　인류는 정보를 통해 발전하였고 정보에 의존하여 살아가고 있으며 정보의 소통에 길들여진 존재이다. 오늘날은 첨단기술의 발달로 정보가 빛의 속도로 전달된다. 제레미 리프킨은 「접속의 시대(The Age of Access)」에서 산업 시대의 시장은 네트워크에 자리를 내주고 물적 자본과 소유의 비중이 줄어들고 지식·정보·아이디어·브랜드 이미지 등 지적 자본이 중시되며 소유의 시대(산업 시대)에서 접속의 시대(정보화 시대), 무게 없는 경제의 시대로 이동한다고 하였다. 오늘날은 지식·정보가 가장 중요하면서도 지배적인 상품이 되었고, 정보 이용이 삶의 중요한 양식이 되었다. 이러한 정보화 사회에서는 모든 일상이 네트워크로 연결된 유비쿼터스 사회가 되어 삶의 영역이 확장되며 네트워크를 기반으로 하는 연결성이 성공의 관건이 된다.

2. 감시당하는 사회, 통제사회

정보화 사회에서는 CCTV, 위치 추적 장치, 전자 발찌 등 전자 정보기술을 이용하여 철저하게 인간을 관리, 통제한다.

미셸 푸코는 「감시와 처벌」에서 근대사회는 감옥이며 거대한 감금의 공간들을 형성하고 있다고 하였다. 회사, 군대, 병원, 학교 등 규율에 입각한 조직들은 거대한 감시 장치로서 일망 감시 시설을 갖춘 감옥의 역할을 하고 있으며 각종 감시·검사 등을 통해 축적된 기록으로 개인을 지배하고 있다는 것이다. 질 들뢰즈는 미셸 푸코의 '감금사회'에서 한발 더 나아가 근대사회는 통제·훈육·규범화로 인간을 길들이는 '통제사회'라고 주장하였는데 기업들은 봉급, 성과급으로 도전과 경쟁을 유도해 죽어라 일하게 만들고, 통제의 사슬은 연수, 평생교육이라는 이름으로 죽을 때까지 계속된다고 하였다.

오늘날 기업에서는 작업량과 이메일, 웹서핑 내역이 체크되고 사람들은 CCTV와 같은 첨단 감시장치, 이런저런 차단기를 통과해야 하며, 휴대폰·위치 추적 장치 등에 의해 그 위치가 파악되고 범죄자에게는 전자발찌가 채워진다. 정보화 사회는 전자 정보 기술을 이용한 각종 감시 장치와 통제 프로그램을 이용하여 감시·통제를 보편화한다.

정보화시대에는 스팸 메일, 문자, 전화, 광고 등 불필요한 정보가 지나치게 많이 유통되는데 데이비드 솅크는 쓰레기 정보, 허위 정보가 스모그처럼 공간을 어지럽힌다고 하여 이를 데이터 스모그(data smog)라고 하였다. 자본주의 사회에서는 이윤 추구를 위한 쓰레기 정보가 양산된다.

기술 진화 속도에 비해 인간의 정보 처리 능력은 역부족인데 이 때문에 과잉정보는 정신적 혼란을 초래하고 강박관념, 주의력 결핍증을 야기하기도 한다. 또 과잉정보는 사색, 성찰의 기회를 박탈하여 삶의 여유를 없애고 삶의 질을 저하시킨다.

데이비드 솅크는 데이터 스모그에 대한 처방책으로 TV를 끄고 휴대전화, 인터넷 사용을 줄이는 데이터 단식(data fast), 가치있는 정보만을 섭취하는 정보 다이어트(information diet)가 필요하다고 주장하였다. 진정으로 정보를 잘 활용하기 위해서는 많은 정보를 검색하고 수용하는 것보다 불필요한 정보를 제거할 수 있는 자제력을 갖추어야 한다.

넘치는 쓰레기 정보는 미디어 공간을 어지럽히고 삶의 질을 저하시킨다.

4. 정보 독재의 위험성

I KNOW WHAT YOU
DID LAST SUMMER

> 정보화 사회에서는 정보 기술을 이용하여 권력이 개인의 생활 패턴을
> 모두 파악하고 있어 정보 독재가 가능하다.

중요 정보 · 고급 정보를 특정 계층이 독점하게 되면 권력과 재력을 가진 계층이 정보를 빨리 입수하여 정보의 우위를 점하게 되어 경제적 격차가 발생하고 고착화될 수 있으며 정보 남용으로 인권이 침해될 수도 있다. 정보를 독점한 계층은 개인의 소비 패턴, 생활 양상을 파악할 수 있고 개인이 하는 모든 행위, 예컨대 식사, 주유, 지하철 이용, 휴대전화 이용 등이 감시망에 잡히게 된다. 테크놀로지에 의한 정보 독재는 주도 인물이 없거나 주체가 불분명하여 어디에서 무엇을 막아야 할지 모르고, 또 효율성과 편의성에 길들여진 인간이 기술을 쉽게 포기하기도 어려우므로 막을 방법이 없다는 것이 문제이다. 이러한 정보 사회는 국가 권력의 괴물화를 촉진하는 요인이 될 수도 있다.

5. 정보화 사회에서 길을 잃다

잘 외우던 번호도 휴대전화에 저장하면 떠오르지 않고 내비게이션을 사용하면서 길눈이 더 어두워졌다. 인터넷이 발달로 정보를 쉽게 찾을 수 있게 되면서 인간의 세부기억력은 점점 저하되고 있는데 이 때문에 디지털 치매(digital dementia)라는 말까지 생겨나게 되었다.

도구와 기술은 인간에게 풍요롭고 안락한 삶을 제공하였으나 인간의 능력과 자율성을 저하시켰고 인간은 도구와 기술에 종속되어 도구가 오히려 인간을 지배하고 삶의 목표를 설정하게 되었다.

하이데거에 의하면 도구와 과학기술의 발전은 자아의 망각, 존재의 망각으로 이어지고 나는 도구와 수단 속에서 본래의 나를 상실하게 된다.

> 북극의 이누이트족은 GPS 기기를 사용하게 되면서 사냥 중 길을 잃거나 사고를 당해 죽는 일이 많아졌다. 문명의 이기에 길들여져 기계의 도움 없이 살아가기 어려운 현대인들의 모습은 날개가 퇴화되어 날지 못하는 키위새와 같다.

6. 게임 중독

현대 산업 사회의 소외와 단절은 고독을 심화시키고, 어떤 사람들은 외로움을 달래기 위해 게임에 빠지게 된다.

현대 산업 사회에서의 소외와 단절은 고독을 심화시키고 어떤 사람들은 외로움을 달래기 위해 게임에 빠지게 된다. 게임을 오래 하는 사람은 뇌 속에 보상체계가 발달하게 된다. 게임을 할 때의 쾌감은 뇌 신경 회로를 강화하고, 보상 회로는 다시 희열을 맛보게 하기 위해 게임을 반복한다. 게임 중독자의 뇌는 약물 중독자의 뇌와 비슷하다고 한다. 자기 소외는 게임 중독 현상으로 나타나 금단현상으로 게임을 반복하게 만들고 강박적 사고, 불안, 초조, 집중력 저하, 공격적 성향을 드러낸다. 현대인들은 즉각 보상이 주어지지 않는 것, 눈에 보이지 않는 것, 정신적 가치를 소홀히 하게 되고 감각추구형으로 되기 쉬운데 이 때문에 게임 중독이 늘어나기도 한다.

사이버 공격은 값싼 비용으로 엄청난 타격을 줄 수 있다. 이들은 컴퓨터 제어 시스템을 노린다. 중요한 스위치와 밸브 제어 시스템을 공격하여 기차와 화물열차를 탈선시키거나 비행기 착륙사고를 일으킬 수도 있고 상수도를 오염시키거나 전력망을 차단시킬 수도 있다. 사이버 테러리스트들은 전기, 석유, 물, 화학물질, 은행, 대중교통 수단, 항공관제, 하수처리시설 등 생존에 필수적인 인프라 전체를 망가뜨릴 수 있다. 키보드에서의 총성 없는 전쟁은 이미 시작되었다. 미래학자들은 사이버 전쟁이 주요 기반시설을 무너뜨려 태풍, 핵전쟁보다 더 심각한 피해를 끼칠 것이라고 한다.

사이버 테러리스트들은 화학물질, 전기, 발전소, 전국 교통망을 관리하는 컴퓨터 제어 시스템을 노린다. 미래의 전쟁은 태풍, 핵전쟁보다 심각한 사이버 전쟁이 될 것이다.

8. 정보화 사회의 고독과 소외

사이버 공간에서 '나'는 ID나 아바타로 표시된 허구의 이미지다. 진실성과 감정의 교류가 없는 소통은 고독을 심화시킨다.

휴대전화, 인터넷 등 소통 수단의 발달로 현대인들은 더 많은 사람과 마음을 열고 타인과 소통할 수 있을 것이라고 기대한다. 그러나 정보가 많아질수록 의미는 작아진다.

디지털 시대는 익명의 시대이며 '나'라는 존재는 익명의 다수에 섞여 피상적인 접속이 이어진다. 그것은 한 줄의 댓글처럼 가볍고 일회적인 경우가 많다.

또 인간관계는 기호화되어 '나'는 ID, 닉네임, 아바타로 표시되고 허구의 이미지일 뿐 책임질 수 있는 고유한 이름이 존재하지 않는다. 이러한 공간에서는 개성 없는 가짜 목소리만 존재하고 서로의 흔적만 있을 뿐 진정한 '나'는 없다. 인터넷을 벗 삼은 인간관계는 휴대전화에 입력된 한 줄의 이름과 번호로 표시되며 진실성과 감정의 교류가 없는 온라인상의 소통은 고독을 심화시킨다.

경제적 측면
- 사무자동화, 경영합리화로 생산성이 향상된다.
- 전자상거래로 유통구조가 단순화된다.
- 소비자 중심의 경제가 실현된다.
- 육체노동이 감소한다.

정치적 측면
- 표현의 자유, 정치 참여, 전자 민주주의가 확대되어 참여 민주주의가 활성화된다.
- 인터넷을 통한 여론 형성은 세상을 변화시킨다.
- 다수가 소수를 감시하는 역감시(시놉티콘, synopticon)로 권력을 견제할 수 있다.

사회적 측면
- 의사소통의 기회가 확대되어 수평적 관계가 형성되기 쉽다.
- 삶의 영역이 확장되어 사회적 협력을 증대시킬 수 있다.

문화적 측면
- 문화가 다양화되고 다양한 삶의 형태가 존중받게 된다.
- 정보 접근으로 지적 수준이 향상된다.
- 시간·장소에 구애받지 않는 새로운 공동체 문화를 형성한다.

전자상거래는 유통구조를 단순화하여 유통비용을 절감시키고 인터넷을 통한 여론, 소비자 의견의 개진은 세상을 변화시키는 힘이 된다.

전자상거래 — 상품이 장바구니에 담겼습니다. 결제

인터넷 여론 — 기사 미 외교관 테러가 한국서... 한미관계 파장은? / 댓글 인간을 장악하고 파괴하는 수령체제의 하수인 이다. 15.03.12 | 신고 ↳ 뭐라는 거임? 강 미친놈이야. 15.03.12 | 신고 제국 주위자에 대한 테러 ....

소비자 의견 — 답변완료 배송문의 / 답변완료 상품문의 / 답변완료 도대체 언제 물건이 오나요? / 답변완료 배송도 빠르고 아주 좋아요! 잘쓰고 있 / 답변완료 이게 뭐죠? / 답변완료 사기인거 아닌가요? / 답변완료 ㅁㅏㄴ족

10. 정보화 사회의 부정적 측면

경제적 측면
- 노동에 대한 수요가 감소되고 노동시장이 불안정해진다.
- 정보 격차로 빈부차가 커진다.

정치적 측면
- 정부의 정보 독점에 의한 감시와 통제가 강화되고 인권 침해 우려가 있다.
- 소수의 선동에 의한 포퓰리즘이 성행할 수 있다.
- 허위 정보, 왜곡된 정보가 범람하여 합리적 토론을 어렵게 한다.

사회적 측면
- 현실과 가상세계의 경계가 모호하여 정체성 혼란, 비현실적 사고에 빠지기 쉽다.
- 인간관계가 기호화되어 개인의 소외, 고립, 탈인간화를 가져온다.
- 프라이버시 침해, 명예훼손, 인신공격 등 사이버 폭력이 횡행한다.

문화적 측면
- 폭력, 음란물 등으로 정보의 바다가 오염된다.
- 비윤리적 정보가 범람하여 향락 문화를 초래하고 문화의 다양성을 훼손한다.
- 계층 간, 세대 간 정보 격차는 계층·세대 간의 단절을 심화시킨다.

> 정보화 사회에서는 허위 정보가 범람하여 합리적 토론을 어렵게 하고 소수의 선동에 의한 포퓰리즘이 횡행할 수 있으며 현실과 가상의 경계가 모호하여 비현실적 사고에 빠질 수 있다.

합리성과 이성에 기반하고 있는 근대화의 성공은 인간의 삶을 개선하였으나 한편으로는 인간의 생존기반을 파괴하여 위험사회를 초래하였다.

울리히 벡(*Ulrich Beck*), 앤서니 기든스(*Anthony Giddens*) 등 학자들은 현대 산업 문명을 인류의 위기로 판단하고 위험사회(risk society)로 정의하였다.

이성적 존재인 인간은 자연을 조작하고 과학 기술을 발전시켜 인간의 삶을 개선하였다. 그러나 이성에 기반을 둔 산업사회는 산업화와 근대화의 과정에서 삶의 근거와 생존 기반을 파괴하여 위험사회를 낳았다. 울리히 벡의 「위험사회」에 의하면 위험은 근대화의 실패에서 온 것이 아니라 합리성과 이성에 따른 근대화의 성공에서 발생한 것이다.

근대화의 과정은 브레이크가 고장 난 기관차처럼 인류의 의지나 목적에 상관없는 역사를 만들어 가는 과정이다.

울리히 벡

무분별한 개발, 과학 기술에 기반을 둔 군사력 증강, 핵무기 개발, 원자력 발전소 사고, 부(富)의 생산 논리를 앞세운 생태계 파괴 등은 기술 문명의 위기를 초래하였고 생명공학, 인공지능 등 최첨단 기술은 인간의 욕망과 결합하여 새로운 위험을 생산하여 인간의 삶을 위협한다.

2. 위험사회의 특징

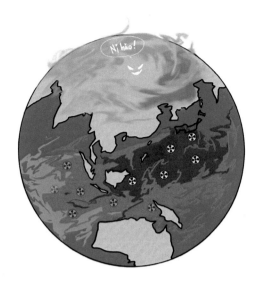

현대 사회의 위험은 계산할 수도 없고 예측할 수도 없으며 인간이 관리, 통제할 수 있는 수준을 넘었다. 위험은 이제 그 발생지에 한정되지 않고 지구 상의 모든 생명체를 위협한다.

고도기술 문명과 거대기술 체계에 살고 있는 우리들에게 이제 위험은 특별한 것이 아니라 일상화되어 있으며 비정상적인 것이 아니라 정상성에 속하는 일이 되었다(위험의 일상화). 현대의 위험은 불확정적이고 예측할 수 없으며 그 발생지에 한정되지 않고 국경을 넘어 전 세계로 확산된다. 예컨대 원자력 발전소의 사고는 사고 지점, 사고 장소에 한정되지 않고, 시간이 지난 뒤에 태어나거나 멀리 떨어진 곳에 살고 있는 사람에게 나타나기도 한다. 이 현재의 위험은 예측하기 어렵고 인간이 관리·통제하기도 어렵게 되었다(예측 불가능성, 통제 불가능성). 과거에는 상위계층은 위험에 노출되는 빈도가 낮았으나 근대화 과정에서 생긴 환경오염은 부자나 권력자에게도 예외를 두지 않는다(위험의 평등화).

　빈곤은 위계적이지만 스모그는 민주적이다.

울리히 벡 「위험사회」 중에서

울리히 벡은 산업사회의 기반이 되어 온 '더 빨리, 더 크게, 더 좋게'라는 근대화의 원리를 넘어 발전이 가져온 위험도 함께 성찰할 수 있는 새로운 근대성으로 나아가야 한다고 주장하였다.

3. 위험사회 - 거대 기술체계의 위험성

• 대량 생산을 위해 거대 조직화, 대규모화, 기계화된 거대 기술체계는 그 시스템의 특징 부분에 있는 사소한 문제가 시스템 전체 구조를 순간적으로 붕괴·와해시켜 예측할 수 없는 치명적 위험을 발생시킨다.

• 대규모 기계화, 화학비료·농약의 대량 살포, 가축의 대량 사육 등은 환경을 파괴하고 자원을 고갈시킨다.

• 생산체계의 대규모화, 조직의 거대화는 소규모 사업자를 몰락시키고 기술 독점으로 인한 불평등, 빈부 격차, 갈등을 초래한다.

거대조직화, 대규모화, 기계화된 거대기술체계에서는 사소한 문제가 예측할 수 없는 치명적 위험을 발생시킨다.

4. 중간기술

간디는 영국의 섬유공업이 인도의 가내공업을 파괴하고 자연을 약탈하는 등 제3세계의 민중을 소외시키는 것을 보고 물레를 돌리라고 하였다.

물레는 인간의 편리를 증진시키지만 인간의 노동력을 활용하며, 인간을 소외시키지도 않고 인간성과 환경을 파괴하지도 않는다.

슈마허가 말한 '중간기술'은 간디의 생각을 구체화한 것으로서 이것은 인간의 노동력을 최대로 활용하여 작은 규모로 이루어지는 기술, 예컨대 호미와 트랙터의 중간에 해당하는, 그 지역의 상황에 적합한 적정 규모의 기술을 말하는데 이것은 제3세계의 적극적 경제 발전을 이끌어내기 위한 기술이다.

지역 노동과 자원을 이용한 태양열 주택, 소규모의 수력 발전소, 가축의 분뇨를 이용한 소규모 메탄가스 공장, 전통 기술을 이용한 양조장 등은 대량 생산이 아니라 적정기술을 이용한 대중에 의한 생산으로서 환경에 위협적이지 않고 자원을 고갈시키지 않으며 지역사회에 이익을 돌려준다. 이는 개발도상국이 선택할 수 있는 개발 전략이 될 수 있다.

물레, 자전거 등 인간의 노동력을 활용하는 중간기술은 인간의 편리를 증진시키지만 인간을 소외시키지 않고 환경을 파괴하지도 않는다.

5. 위험사회 - 한국 사회의 위험요인

우리나라는 발전을 위해 저돌적으로 돌진하면서 성장제일주의로 압축성장을 하는 과정에서 안전성, 정당성, 내실을 소홀히 하게 되었다.

우리나라는 가난에서 탈출하는 것이 시급한 과제였기 때문에 발전을 위해 저돌적으로 돌진하면서 압축성장을 이룩하는 과정에서 안전과 내실, 절차를 소홀히 하고 융통성, 임기응변을 중시하고 결과만을 중시하는 풍토가 조성되어 왔다. 또 고속 성장을 이룩하는 과정에서 "잘 되겠지.", "좋아지겠지." 하는 근거 없는 낙관주의, 대책 없는 모험주의의 분위기가 형성되었다. 우리가 진정한 선진국이 되기 위해서는 위험 발생 시 소모적 논쟁으로 시일을 허비하지 않고 실행할 수 있는 사회적 해결 방안을 미리 준비하고 있어야 하며, 위험관리 시스템을 구축하여 위험관리를 일상화 하여야 한다. 아울러 성장제일주의의 모토 하에 압축성장의 과정에서 소홀히 한 시민윤리, 공공질서에 대한 교육, 의식을 강화하고, 정책에 대해서는 신뢰도와 투명성을 높여 나가야 한다. 그렇게 하지 않으면 정치권에서는 작은 위험을 과장하여 그것을 헤게모니 쟁탈에 이용하려 할 것이고 사회불안이 증폭되어 생존의 위협을 받게 되고 사회 활력이 떨어지게 된다.

1. 웰빙 열풍의 문제점

　사람들은 웰빙에 대하여 친환경 식품, 비싼 유기농 식품을 먹는 것 등 몸에 좋은 것을 가려서 소비하자는 선택적 소비 및 다이어트와 운동을 통해 날씬한 몸매와 근육질 몸매를 만들고 외모를 가꿈으로써 신체의 구조와 기능을 변경하고자 하는 것으로 생각하는 경향이 있다. 비싼 음식을 먹고 더럽거나 해로운 것, 스트레스를 피하여 남들과 차별화하자는 것은 그 역시 상품의 생산자에 의해 부추겨진 것이며 그러한 상품 역시 환경 훼손을 통하여 얻어지는 것들이 많다.

　웰빙은 도시 문명이 주는 흥분, 매혹, 편의라는 마취제에서 깨어나 건강하고 지속 가능한 삶을 추구하는 것이며, 잘못 있음(ill-being)에 대한 반성으로서의 참살이를 의미한다. 심리적 · 사회적 웰빙이 생략된 물질 중심 · 소비 중심의 가치관, 외모지상주의 등은 정신을 황폐하게 만들고 좋은 삶을 꾸려 나갈 수 없게 한다.

비싼 유기농 식품을 먹고 다이어트를 하고 외모를 가꾸는 등 물질 중심, 소비 중심의 웰빙 추구는 정신을 황폐하게 만들고 좋은 삶을 꾸려나갈 수 없게 한다.

패스트푸드는 지방질, 고칼로리이며 콜라의 과다한 칼로리와 함께 비만을 초래한다.

패스트푸드
햄버거 고깃덩어리 한 조각은 수십, 수백 마리의 소에서 모은 쇠고기로 만든 것이며 이콜리 균에 감염된 소 한 마리는 2만 2,000파운드의 다진 쇠고기를 오염시킬 수 있다. 패스트푸드는 지방질, 고칼로리이며 콜라의 과다한 칼로리와 함께 비만을 초래한다.

착색과 코팅
감귤의 상품성을 높이기 위해 왁스로 코팅하고 에틸렌 가스를 쏘아 노란색을 입히게 되면 신선도가 떨어지고 부패하기 쉽다.

도정과 정제
곡식을 도정하여 섬유질 껍질 표면을 깎아 부드럽게 만들면 소화 흡수가 쉬우나 현미에 비해 영양소가 부족하게 되고, 정제된 곡식은 당분의 빠른 소화 흡수를 가능케 하여 당뇨병의 위험성을 높인다.

화학 첨가물
보존성을 높이고 맛, 향, 외관을 개선하기 위해 과자에 첨가하는 첨가물은 면역력 저하, 발육 장애, 비만 등을 초래한다.

3. 웰빙 - 우리가 추구해야 할 웰빙

웰빙은 소유 상태와 관련지어 획일적으로 논할 수 없다. 물질적 조건의 지나친 추구는 삶을 황폐화시키고 절제되지 못한 풍요는 반인륜적 범죄를 부르기도 한다. 따라서 물질은 수단에 그쳐야 하며 건강을 유지하면서 문화·예술에 대한 이해, 자연을 관조하는 여유 등 정신적 풍요를 통해 육체와 정신의 조화 속에서 자아를 실현하고 성취감을 맛보며 행복한 삶을 누릴 수 있어야 한다.

나아가 나눔의 정신, 공동선의 추구, 선행, 미덕의 실천으로 진정한 인간성을 구현하여 살만한 세상이 되도록 애쓰고 잘 있기(well-being), 부자가 되기보다는 바르게 사는 사람, 잘 사는 사람이 되도록 해야 할 것이다.

진정한 웰빙은 바르게 사는 것, 잘 사는 것이며 진정한 인간성을 구현하면서 살만한 세상이 되도록 하는 것이다.

먹거리 선택은 개인 취향의 문제가 아니라 환경, 농업, 공동체에 영향을 미치는 사회적, 경제적 행위이다.

산업의 논리로 생산된 먹거리는 돈을 목적으로 만든 것으로 획일적이며 맛을 단순화시킨다. 대규모 식품산업은 자원을 고갈시키고 환경 보존에 역행하며 고유의 전통문화를 파괴한다. 또 맛의 표준화와 세계화는 자연의 풍요로움과 다양성, 식사의 즐거움을 훼손한다. 반면 자연의 속도에 맞추어 생산한 제철 식품을 천천히 조리하여 자연의 맛을 낸 전통음식(슬로푸드, slow food)은 자연 친화적 생활방식에 입각해 있고 식사의 즐거움과 여유, 건강을 주며, 전통적 소농을 보호하고 고유의 문화와 전통, 독창성과 다양성을 보존할 수 있게 한다.

음식은 이제 개인의 취향의 문제가 아니라 산업화, 세계화로 위협받고 있는 모든 가치의 상징이며 먹거리 선택은 환경, 농업, 공동체에 중대한 영향을 미치는 사회적, 경제적 행위이다. 좋은 음식을 먹는 것은 건강을 위한 일일 뿐 아니라 세계화의 물결 속에서 잃어버린 전통과 문화적 가치를 회복하고 지구를 보호하는 길이다. 이 때문에 먹거리 선택은 우리가 살아나가는 데 있어서 매우 중요한 문제이다.

1. 시뮬라크르와 시뮬라시옹

시뮬라크르(Simulcre)는 복제물, 현실을 대체하는 모사된 이미지를 말하고 시뮬라시옹(Simulation)은 시뮬라크르를 만드는 작업 행위, 과정을 뜻한다.

장 보드리야르에 의하면 현대 세계는 대중매체와 복제기술의 발달로 시뮬라크르가 끊임없이 생성되어 실재인 것처럼 행동하며 가상현실이 실재를 대체하고 현실을 지배한다. 대중매체가 보여주는 이미지는 가상 실재로서 진짜를 보조하는 가짜가 아니라 진짜보다 더 진짜 같은 위치를 차지하게 된다. 우리가 보는 연예인의 이미지도 시뮬라크르에 불과하며 사람들은 이미지의 베일에 가려진 실재를 깨닫지 못한다. 현대 세계는 이미지가 난무하여 실재를 찾을 수 없는, 현실과 가상현실의 구분이 모호한 세계이며, 가상현실이 실재를 대체하는 세계이다.

청초, 순정

으으리이

우리가 TV에서 보는 연예인의 이미지는 복제 이미지, 모사된 이미지로서 시뮬라크르에 불과하다. 사람들은 이미지의 베일에 가려진 실재를 깨닫지 못한다. 이미지의 시대에는 가상현실이 현실을 대체하고 현실을 지배한다.

2. 우리가 보는 것은 실체가 아니라 이미지다

우리가 보는 것은 전쟁의 실체가 아니라 방송에
의해 만들어진 이미지, 즉 시뮬라크르이다.

장 보드리야르는 걸프전쟁 당시 "걸프전은 일어나지 않았다."고 하였다. 대중매체
는 전쟁을 컴퓨터 게임과 같은 화면을 통해서 보여주었는데, 미사일이 투하되어 목
표물이 파괴되는 장면은 무섭고 비참한 것이지만 안방에서 TV를 보는 사람들은 컴
퓨터 게임 속의 가상현실처럼 받아들인다. 따라서 우리가 본 것은 걸프전의 실체가
아니라 방송과 미국에 의해서 만들어진 이미지, 즉 시뮬라크르라는 것이다. 이로써
전쟁의 참상은 잊혀지게 되는데 장 보드리야르에 의하면 "시뮬라시옹의 전략은 지
나치게 많은 것을 보여줌으로써 사실은 아무것도 보여주지 않는다."는 것이다.

3. 가상의 지배

이미지는 정보 전달력이 크기 때문에 현실을 나타내기 위한 것이 아니라 이미지 그 자체로서 당당히 존재하는 실재이자 현실이 되었다. 전쟁 영화는 실제 전쟁보다 더 생생하고 재미있다. 진짜보다 더 매혹적인 가짜들이 출현하는 세계에서 사람들은 사이버 공간에서 이루어지는 가상 체험을 현실처럼 받아들이게 되어, 가상현실과 실재를 구별하지 못하고 사이버 중독에 빠지거나 혼돈을 겪기도 한다. 드라마에 익숙해진 연인들은 상대의 프러포즈에 실망하게 되는데, 이러한 사회에서는 가짜보다 못한 진짜가 재미없게 느껴질 수 있으며 가짜보다 밋밋한 현실에 지루함을 느끼게 될 수도 있다.

디즈니랜드는 가상 실재의 대표적인 사례이며 이는 사실이라고 믿게 하기 위한 상상적 세계이다. 사람들은 이미지의 마법에 걸려 기호의 세계에 갇히게 되고 이미지보다 못한 현실에 오히려 실망감을 느끼게 된다.

드라마에 익숙해진 연인들은 상대의 프러포즈에 실망한다. 가짜는 진짜를 압도하고 현실을 지루하게 만든다.

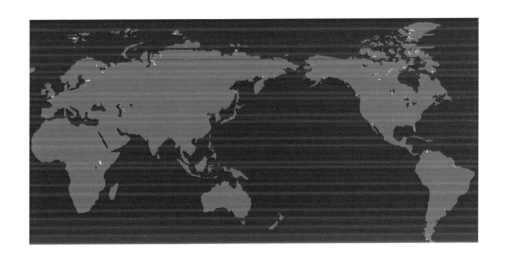

지도는 우리가 경험하는 영토가 아니라 하나의 가상 공간이다. 지도가 세계를 덮고 있다는 말은 현대인의 생활이 가상의 지배를 받고 있음을 나타낸다.

　지도는 우리가 경험하는 영토가 아니라 하나의 가상 공간이다. 장 보드리야르는 "지도가 세계를 덮고 있다."고 하였는데 이것은 현실로 경험하는 세계는 가상의 세계이며 현대인의 생활은 가상(시뮬라크르)의 지배를 받고 있음을 뜻한다. 우리가 대중 매체에서 접하게 된 정보 또는 전문가를 자처하면서 떠드는 사람들의 이야기는 사실이 아닐 수도 있다. 습관화된 모든 전통과 규칙, 사회 통념 등을 가상의 놀이라고 생각하고 아무런 전제 없이 다시 생각해 보는 것, 깨어 있는 삶, 사유하는 삶이 가상의 세계에서 벗어날 수 있는 길이다.

5. 매트릭스

  2199년의 지구, 인공두뇌를 가진 컴퓨터(AI)가 인간의 기억을 지배하는 세상이다. 인간들은 태어나자마자 그들이 만들어 낸 인공자궁(인큐베이터) 안에 갇혀 재배되며, 육체는 발전소의 캡슐에 갇혀 그들의 생명을 위한 에너지(인간 건전지)로 사용된다. 인간들은 AI에 의해 매트릭스라는 프로그램을 입력당하고 인간들은 뇌세포에 입력된 매트릭스의 프로그램에 따라 가상현실을 살아간다. 프로그램 안에 있는 동안 인간의 뇌는 AI의 철저한 통제를 받으며, 인간이 보고 느끼는 것은 항상 그들의 검색엔진에 노출되어 있고, 인간의 기억 또한 그들에 의해 입력되고 삭제된다. 가상현실 속에서 진정한 현실을 인식할 수 있는 인간은 없다. 지능적인 컴퓨터 시스템이 뇌파를 자극하여 보여주는 환상의 거짓 세상 매트릭스(matrix) 속에서 살아가는 사람들은 상업주의의 시뮬라크르에 갇혀 사는 현대인의 자화상이다.

> 컴퓨터 시스템은 뇌파를 자극하여 환상의 거짓 세상 매트릭스를 만들고 영화 속의 인간들은 뇌세포에 입력된 매트릭스의 프로그램에 따라 가상현실을 살아간다.

트루먼의 인생은 실제 생활이 아니라 세트장 안에서 이루어지는 남들에게 보여주기 위한 쇼였다. 대중은 미디어가 제공하는 자극적 오락거리와 감각적 쾌락에 중독되어 남의 사생활을 엿보고 즐기며 살아간다.

　트루먼 버뱅크는 보험회사에 근무하는 평범한 샐러리맨이다. 적어도 트루먼 자신은 그렇게 알고 있으나 그는 다른 사람들에게 하루 24시간 생방송되는 프로그램 '트루먼 쇼'의 주인공이며 인기스타이다. 그의 주변 인물들은 모두 장기 출연 중인 배우이고 사는 곳 또한 스튜디오이다. 트루먼은 나중에 그 사실을 깨닫고 세트장을 탈출한다. 트루먼의 삶은 타인에 의한 강제적 선택이었고 자신의 모든 것은 타인에게 보여주기 위한 것이었다. 그는 실제 생활이 아닌 쇼의 주인공이 되어 보이지 않는 거대한 세트장 안에서 강요된 웃음을 지으며 가식적인 삶을 살아야 했다.

　트루먼은 사람들에게 즐거움을 주기 위해서 만들어졌으며 그의 삶은 대중의 구경거리에 지나지 않았다. 사람들은 자신의 재미를 위해 사생활을 침해하고 다른 사람의 인생을 가지고 놀았다. 대중 역시 매스미디어가 제공하는 자극적 오락거리와 감각적 쾌락에 중독되어 아무런 죄의식 없이 동조하며 남의 사생활을 엿보고 즐기며 살았다. 영화 속의 대중은 상업적이고 선정적인 대중문화가 제공하는 정보를 무비판적으로 받아들이고 안주하며 살아가는 오늘날 우리들의 모습이다. 트루먼이 세트장을 벗어나기 어려웠던 것처럼 인간이 자유의지로 진정 자기가 원하는 삶, 독립적인 삶을 살아가는 것은 용기와 모험심, 결단을 필요로 한다.

1. 세계화

세계화는 국가들 사이의 장벽이 허물어지고 세계가 하나의 생활권, 문명권으로 통합되어 가는 현상을 말한다.

세계화는 국가들 사이의 장벽이 허물어지고 세계가 하나의 생활권과 문명권으로 통합되어 가는 현상을 말한다. 세계화가 진행되면 상품, 노동, 서비스, 자본, 정보 등의 장벽이 없어지고 국경 없는 세계가 형성되어 기준, 가치관 등이 전 지구적 기준으로 대체되는데 그 핵심은 시장의 세계화, 자본의 세계화에 있다.

교통과 정보통신 기술의 발달, 자유로운 기업 활동과 규제 철폐, 자유무역을 주장하는 신자유주의의 확산, 사회주의 체제의 붕괴, 선진 강대국에 유리한 방식으로 세계 경제구조를 바꿀 필요성 등이 세계화를 촉진시킨 배경이 되었다.

2. 세계화의 경제적 효과

세계화는 경제면에서 비용을 최소화하고 경쟁을 통해 효율성을 극대화함으로써 자원의 최적배분을 실현하는 효과를 가져올 수 있다고 한다. 그러나 세계화로 인해 약소국가들은 보호막 없이 외부충격에 노출되어 대외의존도가 심화되고 선진국에 종속되거나 하청공장의 역할로 전락하기도 한다.

국제자본과 초국적 기업은 이윤 확보에 혈안이 되어 저비용, 자원이 있는 국가를 찾아 자원을 값싸게 대량으로 확보하고 저임금 노동력을 이용하게 되어 자본가와 부자 등 선진국의 소수 계층만 이익을 얻을 뿐 경쟁력 없는 국가는 더 빈곤해지고 선진국과의 부의 격차가 더 커지게 된다.

세계화를 찬성하는 사람들은 경제면에서 비용을 최소화하고, 효율성을 극대화하여 자원의 최적배분을 실현하는 효과를 가져온다고 주장한다. 그러나 저비용이 반드시 자원의 최적배분으로 이어지지는 않는다.

3. 세계화의 정치·사회적 효과

세계화는 정치, 사회면에서 사회 세력의 영향력이 증대되어 전 세계적 네트워크를 통한 정보 공유로 민주주의 발전에 기여할 수 있는 면이 있다.

세계화는 정치·사회면에서 사회 세력의 영향력이 증대되어 정치권력의 집중이 완화되고 그 영향력이 축소되며 전 세계적 네트워크를 통한 정보 공유로 초국가적 시민단체의 형성을 촉진하여 민주주의 발전에 기여할 수 있다. 그러나 국제자본과 초국적기업이 저비용, 자원이 있는 국가로 이동하여 저임금 노동력 고용, 시장원리에 따른 구조조정 등으로 비정규직이 증가하고 인권상황이 악화되기도 한다.

특히 투자자 국가 소송제도 ISDS(Investor State Dispute Settlement)는 투자하는 기업이나 사람들이 상대국가의 법령이나 정책 등으로 인하여 자신들의 재산과 이익에 심각한 침해를 받았다고 생각되는 경우 상대국가를 제소할 수 있는 제도로서 한 기업이 정부의 정책, 심지어 공익을 위한 정책마저도 무력화시킬 수 있다는 문제점이 있다. 또 WTO, IMF 같은 국제기구는 예치금에 따라 투표권이 결정되므로 국제기구의 중립성이 의문시된다. 강대국 중심의 세계화, 미국 중심의 세계화는 많은 문제점을 드러낸다.

교통 · 통신 기술의 발달과 그에 따른 세계화로 인해 사람들은 전 세계의 다양한 문화를 접하고 문화의 다양성을 즐길 수 있게 되었다. 그러나 다국적 기업은 상업적 이익의 관점에서 문화를 전파하고 소비 욕구를 조작하며 소비자의 무의식을 지배함으로써 문화의 획일화를 초래하여 고유하고 다양한 문화를 파괴하기도 한다.

세계화는 문화면에서 전 세계의 다양한 문화를 접하고 문화의 다양성을 즐길 수 있게 한다.

5. 세계화의 덫

세계화는 선진국의 경제전략적 정책의 결과이며 그것은 삶의 질을 떨어뜨리고 20:80의 사회를 만든다.

한스 페터 마르틴과 하랄트 슈만은 「세계화의 덫(Die Globaliserungsfalle)」에서 세계화는 삶의 질에 대한 공격이며 20:80의 사회를 만들게 된다고 하면서, 세계화는 자연 법칙이나 기술 진보에 의한 것이 아니라 선진국 정부의 경제전략적 정책의 결과로서 규제에서 벗어난 자본 흐름, 투기자본이 실물경제에 치명적 영향을 초래한다고 주장하였다.

나아가 세계화에서 낙오된 중산층이 외국인 혐오, 분리주의 등으로 세계 시장과의 단절을 모색하게 되면 이는 잠재적 위협이 될 수 있으며, 오늘날 국가 간에 잘 이루어지고 있는 국제 협력은 조직 범죄나 자본주의 기업 활동 뿐이라고 비판하였다.

표준화·획일화는 교류와 교역을 활발하게 하고 통합에 유리하다. 그러나 표준화·획일화는 강자가 자신의 코드에 강제로 편입시키거나 획일적 의사소통 체계를 수립하기에 용이하기 때문에, 다양한 소수집단이 부상하고 있는 오늘날 그것은 문제 해결 비용을 유발하는 비효율적 방법이 되고 있다.

표준화, 획일화는 강자가 약자를 자신의 코드에 편입시키기에 용이하기 때문에 갈등을 유발하고 문제 해결 비용을 증가시킨다.

7. 다양성을 유지하는 것이 왜 중요한가②

포드 자동차 회사는 생산모델을 단일화하고 부품과 공정을 표준화하여 최저 생산비로 대량생산을 가능케 하여 크게 성공하였으나, 창의성과 다양성을 추구하는 시장의 구조 변화에 능동적으로 대처하지 못하여 GM사의 제품 차별화 전략에 밀려 실패하게 되었다. 또 컨베이어 속도에 맞추어 작업을 강요당한 노동자들은 기계의 일부로 전락하여 사기가 저하되고 노동의 질이 악화되었으며, 하나의 공정이 정지되면 전체 시스템이 붕괴되는 구조로 노사분규에 취약하게 되었다.

포드 시스템의 성공신화는 반짝 성공에 그쳤으며 창의성과 다양성, 노동자의 인권을 중시하는 사회 변화에 대처하지 못한 채 몰락의 원인이 되었다.

포드 시스템은 생산모델을 단일화하고 부품과 공정을 표준화하여 최저 생산비로 대량생산을 가능케 하여 크게 성공하였으나, 창의성과 다양성을 추구하는 시장의 구조 변화에 대처하지 못하여 몰락의 원인이 되었다.

표준화, 획일화는 자기방어에 취약하기 쉽고 강자의 일치 욕구를 만족시키기에 용이하다. 링컨 대통령은 북군의 물자가 남부로 넘어가지 못하게 하기 위해서 철로 간격을 넓히라고 하였다.

표준화 · 획일화는 약자의 자기방어에 취약하기 쉬우며 강자의 일치 욕구를 만족시키기에 용이하다. 미국 남북전쟁 당시 링컨 대통령은 철로 간격을 남부보다 넓게 하여 북군의 물자가 남군으로 쉽게 넘어가지 못하게 하였는데 이는 표준화가 가지고 있는 불리한 점을 피하기 위한 전략이었다.

9. 다양성을 유지하는 것이 왜 중요한가④

「사라져 가는 목소리들」의 저자 다니엘 네틀은 언어의 다양성과 생물학적 다양성은 불가분의 관계에 있다고 주장하였다. 열대지역은 전체 생물 종의 50~90%가 살고 있는 곳인데 이곳의 언어가 소멸한다면 그 언어에 담긴 토착지식과 문화, 생활양식이 사라지고 이는 생물 다양성의 감소로 이어진다는 것이다.

예컨대 서태평양 팔라우 섬의 어부는 300개 이상의 어종 이름과 산란주기를 알고 있고, 북극의 이누이트 족은 얼음과 눈의 강도에 따라 각기 다른 이름을 붙였으며, 필리핀 민도로 섬의 하우누 족은 450종의 동물과 1,500종의 식물을 구별할 수 있고 이들을 채취하거나 재배할 수 있다. 토착민들의 지식 중 상당 부분은 언어 속에 있기 때문에 언어 소멸과 함께 토착지식도 사라지게 되고 이것은 이 지역 생물 다양성의 감소와 관계가 있다고 한다.

다니엘 네틀은 각 언어는 세계를 보는 자신만의 창이며 살아있는 박물관, 문화의 기념비와 같은 것이므로 언어의 소멸은 인간이 세계를 바라보는 인식의 도구, 살아있는 박물관을 잃어버리는 것이라고 개탄하였다. 언어에서 보는 것처럼 표준화·획일화는 인류의 지식, 지혜, 문화의 다양성과 풍요를 잠식한다.

표준화, 획일화는 인류의 지식, 지혜, 문화의 다양성과 풍요를 잠식한다.

우리는 300개 이상의 물고 종류와 산란주기를 알고 있습니다.

1840년대 아일랜드에서는 단일 품종의 감자를 재배하였는데 감자에 역병이 발생하여 대기근으로 100만 명이 사망하였다. 표준화는 질병에 취약하며 인류의 생존 가능성을 떨어뜨린다.

근친 간의 짝짓기, 동종 교배는 동일한 형태의 대립 유전자들을 발생하게 하여 유전적으로 나쁜 결과를 초래하며 상황에 적응하는 유연성을 떨어뜨린다. 예컨대 1840년대 아일랜드에서 룸퍼스라는 단일 품종의 감자를 재배하였는데, 감자에 역병이 발생하여 대기근으로 100만 명이 사망하고 150만 명이 이민을 떠나야 했다. 단일 작물 재배는 병충해, 자연재해 시 그 농작물의 전멸을 초래한다. 제레미 리프킨의 「바이오테크」에 의하면 아시아에는 쌀의 변종이 14만 종이나 있었는데 다국적 기업들이 5~6개의 변종들에 대해서만 유전자를 조작하여 집중 재배하도록 함으로써 고유한 종자들을 몰아내게 되어 이로 인해 자연재해 시 벼가 전멸할 수도 있다고 주장하였다. 다양성의 증대는 환경 변화에 유연한 대처 능력의 증대와 같은 의미를 가지며, 다양성은 생존 가능성을 높이고 자연과 인간에게 활력을 준다. 세계는 다양성을 살리면서 호환성을 높이는 방향으로 가고 있다. 우리는 차이와 다름을 인정·수용하고 문화의 다양성과 풍부함을 유지함으로써 문명의 진보를 이룰 수 있다.

다른 문화를 이해하고 존중하되 고유문화의 정체성을 지키고 다양하고 풍요로운 문화를 가꾸어 나가야 한다.

문화는 세계화의 흐름을 타고 세계적 수준에서 통합이 진행되고 있으며 이것은 피할 수 없는 현실이다. 문화 통합은 보편적 인류 문화의 형성을 촉진하고 문화 교류를 통해 새로운 문화를 번성시킬 수 있다는 장점이 있다. 그러나 한편으로는 고유 문화의 정체성을 훼손하고 다양성을 파괴하여 국제 관계의 불균형을 초래하는 측면도 있다.

따라서 다른 문화를 이해하고 존중하며 개방적 자세를 갖되, 비판적 · 주체적 자세로 수용하면서 우리에게 맞는 독창적 문화를 발전시켜 나갈 필요가 있다. 다른 문화에 대한 이해는 비교 · 판단의 관점을 제공하여 자기 문화의 미비점을 보완할 수 있는 계기가 되며 외래문화의 이해와 주체적 · 비판적 수용은 자기 문화를 더욱 다양하고 풍요롭게 한다.

인간 소외는 인간이 만든 사물이 인간을 위해 존재하지 못하고 낯선 존재가 되어 인간을 지배하는 현상에 주목하여 이론화되었다. 노동이 상품화됨에 따라 인간관계는 사물 관계로 전락하였으며 인간은 상품, 부속품, 노예, 조직의 원자와 같이 인간답지 못한 상태에 놓이게 되었고 주체성을 상실하여 소외되었다.

인간이 만든 사물이 인간을 위해 존재하지 못하고 낯선 존재가 되어 인간을 지배한다.

2. 인간관계, 조직으로부터의 소외

경영조직이 대규모화되면 인격적 관계가 없어지고 노동자는 톱니바퀴, 기계의 부속품과 같은 존재가 된다. 인간관계는 타인과 단절되어 고립되고 타인에 대한 관심과 배려가 없어지고 필요에 따른 관계, 형식적 관계에 놓이게 된다. 대량 생산을 원칙으로 하는 산업 사회는 거대화, 대형화의 경향을 가짐으로써 인간을 더욱 소외시킨다.

대규모 조직화와 함께 나타난 것이 관료제인데, 관료제는 국가뿐 아니라 회사, 노동조합, 대학, 병원 등 대규모 사회집단에서 나타나고 있다. 거대조직은 규칙과 절차를 강조하고 역할 분담이 철저하게 이루어지며 위계적인 질서와 피라미드식 조직을 유지하고 있다. 이런 조직하에서 인간은 하나의 부품으로서 무력한 존재가 될 수밖에 없다. 또 분업화, 자동화로 기계가 인간의 동작과 시간을 통제함으로써 인간은 기계에 종속되고, 노동은 경영자가 정한 목표와 방법에 따라 이루어짐으로써 노동자는 노동에서 기쁨과 보람을 느끼지 못하고 노동과 생산물로부터 소외된다. 학생의 취향과 개성을 무시하고 내신으로 교사의 권력을 유지하는 학교 교육은 학생을 교육의 객체로 만들어 소외시킨다.

조직이 대규모화 되면 근로자는 톱니바퀴, 기계의 부속품과 같은 존재가 된다.

자본주의 사회에서 인간은 경제력, 생산력에 따라 평가되고 소비능력에 의해 구분된다.

　자본주의 생산양식이 보편화되면서 물질만능주의가 기승을 부리게 되었고, 자본주의 사회에서는 개인의 능력에 따라 인간을 평가하고 그 능력이 생산력, 경제적 능력에 치중됨으로써 인간을 소외시킨다. 이윤 극대화를 목표로 하는 자본주의 생산양식은 온갖 상품으로 소비자들을 유혹하고 소비능력으로 계층을 구분하고자 하며 대중매체는 유행을 창조하고 전파한다. 이러한 분위기에서 경제적 능력이 없어 유행에 동참하지 못하거나 뒤떨어지는 사람들은 소외감을 느낄 수밖에 없다.

4. 세일즈맨의 죽음

윌리는 견본이 가득한 가방을 들고 세일즈맨으로 다니며 자신
의 인생을 팔았으며 할부로 살다가 소모품으로 죽었다.

　세일즈맨인 윌리는 견본이 가득한 여행 가방을 들고 다니며 여러 도시로 출장을
다녔다. 그는 세일즈맨이라는 직업에 자부심을 가졌으며 인기와 인간적 매력, 노력
과 열정만 있으면 성공할 수 있다고 믿었다. 그러나 나이가 들어 지방 출장을 다닐
수 없게 되자 34년 동안 다닌 회사에서 쫓겨나게 된다. 윌리는 이제 살아서는 성공
의 꿈을 이루기 어렵다고 판단하고 보험금을 노린 자살을 선택한다. 윌리의 아내는
겨우 집의 할부금도 다 갚았고 빚도 없어졌는데 남편이 죽었다고 한탄한다. 윌리는
가방을 들고 다니며 자신의 인생을 팔았으며 할부로 살다가 소모품으로 죽어갔다.
자본주의 사회에서 유능하다는 것은 성능 좋은 부품이 되는 것이며 인간은 늙어서
경제적 가치가 떨어지면 폐기 처분되는 소모품 같은 존재이다.

냉장고는 칸칸이 나뉘어 있고 층층이 쌓아 올린 구조, 분리되고 단절된 구조로 되어 있다. 냉상고 안에 있는 깃들은 밥 먹을 때만 가자 문을 열고 나와서 식사가 끝나면 다시 각자의 방으로 서둘러 들어가고 아무도 열지 못하는 데로 자신을 잠근다. 다들 냉골에 떨기 때문에 방이 많아도 가난하다.

냉장고에는 방이 많다

…

어디쯤의 층간소음으로 서로 눈 흘기는 아파트 같다

방이 많은 집은 춥다

…

냉장고는 방이 많아도 가난하다

강연호 시 「냉장고」 중에서

인간 소외는 분리되고 소통이 단절되어 인간이 인간답지 못한 상태에 처하게 되는 것을 말한다. 인간이 소외되는 원인은 합리성, 효율성을 지향하는 현대 산업사회에 있다. 계산적 합리성, 수단적 합리성을 중시하는 풍토에서는 인간관계도 이용가치를 매개로 하여 이어진다. 물질적 풍요는 눈에 보이는 것, 느끼는 것만 믿게 하는 일차원적 존재를 양산하고 대중 사회에서 인간은 비판적 이성이 마비되고 타인지향형 인간, 고독한 군중이 된다.

소통이 단절된 삶을 살아가는 현대인의 삶은 층층이 분리되고 단절된 구조로 되어 있는 냉장고 안의 음식과 같다.

강연호

6. 경직된 사고

산업사회의 대량 생산 체제는 표준화에 의해서만 가능한데, 그 결과 근로자들의 근무시간과 작업 공정, 상품과 제품의 부속품이 표준화되었고 교육과정도 표준화되었으며 사람들의 사고방식 · 행위양식도 표준화된다. 사람들은 표준화된 문화양식 속에서 개성과 창의성, 상상력을 잃어감으로써 인간으로서의 본질과 꿈과 생명력을 상실해 간다. 질주하는 세계, 속도에 적응하기 위해 살아가는 현대인들은 자신의 삶을 돌볼 여유가 없고 세상이 만든 질서를 쫓아가기에 급급하다.

꿈과 생명력을 상실하고 경직된 사고로 획일화된 삶을 살아가는 현대인들의 모습은 건어물 가게에 진열된 북어의 모습과 같다.

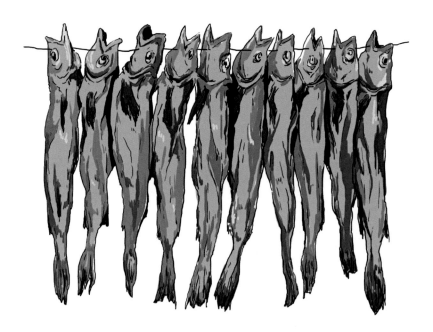

오늘날 서비스 분야의 직업이 증가함에 따라 감정노동자가 늘어나게 되었다. 이들은 억지 미소를 지으며 감정을 만들어 내고 표정을 관리해야 한다.

오늘날 서비스 분야의 직업이 증가함에 따라 감정노동에 관련된 사람들이 늘어나게 되었고 고객 만족이 기업의 경쟁력을 좌우하게 되어 감정노동의 정도도 심화되었다. 이들은 억지 미소를 지으며 감정을 만들어 내고 표정을 관리해야 한다. 감정노동 종사자들은 고객이 요구하는 서비스를 제공하여 그들이 편안함을 느끼도록 해야 하는데, 이 과정에서 자아 개념과 모순되는 행위를 함으로써 진정한 자기감정으로부터 유리되어 고통과 스트레스를 받게 된다. 우리나라의 모 항공사 승무원들은 고객 불만이 접수되면 업무에서 제외되어 서비스 재교육을 받는 불이익이 있고, 시말서를 쓰고 벌점을 받고 해고를 당하기도 한다. 이들은 승객을 위한 안전 활동이 최우선임에도 무릎 꿇기 같은 노예 서비스가 요구되고 자기방어권을 제한당한다. 이 때문에 항공기 안에서 여성 승무원에게 '밥이 덜 되었으니 라면을 끓여달라, 무서우니까 안아달라'는 등 추태를 부린 승객도 있었다.

감정노동자들은 인성마저 상품 판매를 위한 도구가 되어 고용주의 요구에 따라 감정마저 통제·조작당하며 살아가고 있다. 우리는 감정노동자들의 서비스를 상업적 이익을 위한 연기 또는 상품으로 대할 것이 아니라 인격체의 미덕이나 공감의 자세로 받아들일 수 있어야 하며 그들의 친절, 희생, 봉사에 감사하는 태도를 가져야 한다.

제8절 현대문명에 관한 명언

1. 속도

You will be died out if not getting used the speed.

속도에 적응하지 못하면 도태될 수밖에 없다. -앨빈 토플러

선진경제에 걸맞은 시스템을 갖추지 못하고 사회와 제도가 뒤처져 있을 때는 부富를 창출하는 잠재력이 제한된다. 학교와 정치조직, 법은 사회 변화에 가장 뒤처진다. 관료주의, 타성적 조직, 근시안적 규제 등은 시대에 뒤떨어지게 하는 요인이 되고 이러한 속도의 충돌은 발전에 장애가 된다.

Modern men pursue the instant and materialistic prosperity and losing the essential value of life.

현대인들은 즉석적인 것과 물질적 성공을 추구함으로써 삶의 본질적 가치를 잃어버리고 있다.

Vicious circle between the fear and speed.

공포가 질주를 낳고 질주가 공포를 낳는 악순환.

속도숭배사회는 질주가 공포를 낳고 공포가 질주를 낳는 악순환이 계속된다.

Reckless haste makes poor speed.

무모한 서두름은 형편없는 속도가 되게 한다.

It takes a long time to bring excellence to muturity.

탁월함을 완성하는 데는 오랜 시간이 걸린다.

Speed deprives us of the appreciation of the beauty.

속도는 아름다움을 보는 시각을 박탈한다. - 빅토르 위고

들판의 꽃들은 더 이상 꽃이 아니고 색깔의 얼룩들 내지 빨갛고 흰 줄무늬일 뿐이며, 점이라고는 없고 모든 것은 선이 되어버린다.

Speed murderd space.

속도는 공간을 살해하였다. -볼프강 쉬벨부쉬

속도는 사이사이의 공간과 풍광을 없애고 출발지와 도착지만 있게 함으로써 여행의 즐거움과 관조, 감상의 여유를 상실하게 하였고 사람은 탁송화물처럼 되어 진정한 삶의 기쁨과 소통을 방해하게 되었다.

The speed deprives us our independent capacity, causing injustice.

속도는 인간의 자율적 능력을 빼앗고 불공정을 초래한다. -이반 일리히

기계의 속도는 인간의 몸을 기계의 리듬에 맞추도록 하여 자율성을 빼앗는다. 또 속도를 높이기 위한 에너지 사용은 자원 고갈, 공해, 자연 파괴로 이어지고 사회적 불공평을 확대시킨다.

The busier we are for more time to have, the less freedom of life.

시간을 확보하기 위해 더 빨리 움직일수록 우리는 더 여유가 없어진다.

We should also live at our own pace and look for what is truly precious in life.

우리는 자신의 속도에 맞추어 살아가면서 삶에 있어서 진정 소중한 것을 찾아야 한다.

사과나무가 떡갈나무와 같은 속도로 지나야 한다는 법은 없다. 남과 보조를 맞추기 위해 자신의 봄을 여름으로 바꾸어야 하는가? 우리는 왜 그토록 성공에 집착해 조급해하며 무모하고 필사적으로 살아가는가? -헨리 데이빗 소로

Speed deprives us of contemplation and leisurely introspec-
tion, and paralyzes our imagination.
속도는 관조와 성찰의 여유를 박탈하고 상상력을 마비시킨다.

속도를 추구하는 사람에게는 속보와 질주만 있을 뿐 산보와 명상이 없다.

People who can not find time for recreation are obliged to
find time for illness.
기분 전환을 위해 시간을 낼 수 없는 사람은 병을 위해 시간을 내야 한다.

Slowness is a soft, delicate and thoughtful way of life that is
an ability not to lose my dignity.
느림은 부드럽고 우아하고 배려 깊은 삶의 방식이며, 나 자신을 잃어버리지 않는 능력
이다. -피에르 쌍소

Slowness damps down desire and makes its time graceful and
noble.
느림은 욕망에 제동을 걸고 자신의 시간을 우아하고 기품있게 만든다. -밀란 쿤데라

Leisure is the mother of philosophy.
여가는 철학의 어머니.

Rest is not a matter of doing nothing. Rest is repair.
쉬는 것은 아무 것도 하지 않는 것이 아니라 수리하는 것이다.

2. 정보화 사회

The informationized society rigidly controls a human.

정보화 사회는 철저하게 인간을 관리 · 통제한다.

정보화 사회는 전자정보프로그램과 전자정보기술을 이용하여 인간을 감시하고 관리 · 통제한다.

Rubbish and faulty information disturbs the media space.

쓰레기 정보, 허위 정보가 미디어 공간을 어지럽힌다.

정보화 사회에서는 쓰레기 정보, 허위 정보가 스모그처럼 미디어 공간을 어지럽힌다. 데이빗 솅크는 이것을 'data smog'라고 하였다. 자본주의 사회에서는 이윤추구를 위한 쓰레기 정보가 양산되어 정신적 혼란을 초래하고 삶의 질을 저하시킨다.

The online communicaton lacking sincerity and emotional exchange deepens social isolation.

진실성과 감정의 교류가 없는 온라인 상의 소통은 소외를 심화시킨다.

사이버공간에서 '나'라는 존재는 익명의 다수에 섞여 무의미하고 피상적인 접속이 이어지고 대화는 한 줄의 댓글처럼 가볍고 일회적인 경우가 많으며, 진정한 소통은 없고 독백의 형태로 소통을 한다.

3. 위험사회

Success of modernization owing to rationality and reason has generated a new risk.

합리성과 이성에 따른 근대화의 성공은 새로운 위험을 낳았다. -울리히 벡 위험은 근대화의 실패에서 온 것이 아니라 합리성과 이성에 따른 근대화의 성공에서 발생한 것이다. 이성과 합리성에 기반을 둔 과학기술은 인간의 삶을 개선하였으나 산업화, 근대화 과정에서 삶의 근거와 생존 기반을 파괴하여 위험사회를 낳았다.

Today risk is not a special but general occasion.

오늘날 위험은 특별한 것이 아니라 일상화되어 있다.

우리가 자본주의사회와 고도기술 문명, 거대 기술체계에 살고 있는 한 위험은 피할 수 없다. 위험은 이제 특별한 것이 아니라 정상성에 속하는 일이 되었다. 위험이 일상화된 이유는 안전을 고려하는 데 비용이 많이 든다는 무반성적 사유 때문이다. -울리히 벡

The risk has become equalized.

위험은 평등화되었다.

과거에는 상위계층과 화이트컬러계층이 위험에 노출되는 빈도가 낮았으나 근대화 · 산업화 과정에서 생긴 환경오염으로부터는 부자, 권력자 그 누구도 안전하지 않다. 빈곤은 위계적이지만 스모그는 민주적이다. -울리히 벡

Strip off the blind trust in the rationality and science!

이성과 과학에 대한 맹목적 신뢰를 벗어던져라!

이제는 이성과 과학에 대한 맹목적 신뢰를 벗어던지고 발전이 가져 올 위험도 함께 성찰하면서 지금까지의 근대화로 인한 문제점을 보완할 수 있는 성찰적 근대화의 방향을 찾아야 한다. -울리히 벡

Technological progress is like an axe in the hands of a pathological criminal.

기술의 진보는 병적인 범죄자의 손에 든 도끼와 같다. -아인슈타인

In the technological system, a fatal risk is unpredictably caused by a trivial matter.

거대 기술체계에서는 사소한 문제가 예측할 수 없는 치명적 위험을 초래한다.

대량생산을 위해 거대 조직화, 대규모화, 기계화된 거대 기술체계는 그 시스템의 특정 부분에 있는 사소한 문제가 시스템 전체 구조를 순간적으로 붕괴 · 와해시키게 되어 예측할 수 없는 치명적 위험을 발생시킨다.

4. 웰빙

Health food makes me sick.

건강식품이 나를 아프게 한다. -캘빈 트릴린(Calvin Trillin)

We should try to be a moral and self-satisfied person rather than a rich one.

우리는 부자가 되기보다 만족을 누리며 바르게 사는 사람이 되도록 해야 한다.

선행과 미덕의 실천을 통해 정신적 풍요를 지향하고 자아를 실현하면서 성취감과 행복을 맛볼 수 있어야 한다.

Try not to become a man of success but rather try to become a man of value.

성공한 사람보다 가치있는 사람이 되라.

It matters not how long we live, but how.

얼마나 오래사느냐가 아니라, 어떻게 사느냐가 문제이다.

What to eat is not a personal matter but social and economic action.

먹거리의 선택은 개인적 관심사가 아니라 사회적 · 경제적 행위이다.

음식은 이제 개인의 취향의 문제가 아니라 산업화, 세계화로 위협 받는 모든 가치의 상징이며 먹거리의 선택은 환경, 농업, 공동체에 영향을 끼치는 사회적·경제적 행위이다.

Man is what he eat.

먹는 음식이 곧 자신이다. −루드비히 포이엘바하

5. 진짜와 가짜가 전도되는 세계

Mass media and duplicate technology constantly produce simulacre and make the world a massive virtual world.

대중매체와 복제기술은 끊임없이 시뮬라크르를 만들어내고 세상을 거대한 가상의 세계로 만든다. −장 보드리야르

현대 세계는 대중매체와 복제기술의 발달로 시뮬라크르(복제물, 모사된 이미지)가 끊임없이 생성되어 실재인 것처럼 행동하고 가상현실이 실재를 대체하고 현실을 지배한다.

Gulf War didn't break out.

걸프전은 일어나지 않았다. −장 보드리야르

대중매체는 전쟁을 컴퓨터 게임과 같은 화면을 통해 보여 주었다. 미사일이 투하되어 목표물이 파괴되는 장면은 무섭고 비참한 것이지만, 안방에서 TV를 보는 사람들은 이를 컴퓨터 게임 속의 가상현실처럼 받아들인다. 따라서 우리가 본 것은 걸프전의 실체가 아니라 방송과 미국에 의해 만들어진 이미지, 즉 시뮬라크르라는 것이다.

Image is not to present the reality but becomes actuality and reality per se.

이미지는 현실을 나타내기 위한 것이 아니라 그 자체가 하나의 실체이자 현실이 되었다.

이미지는 사실이 아닌데도 사실을 대체하고 현실을 지배한다. 오늘날 사람들은 이미지의 마법에 걸려 기호의 세계에 갇히게 되고 이미지보다 못한 현실에 실망감을 느끼기도 한다.

The map covers the world.

지도가 세계를 덮고 있다. -장 보드리야르

지도는 우리가 직접 경험하는 영토가 아니라 하나의 가상공간이다. 지도가 세계를 덮고 있다는 것은 현대인이 가상의 지배를 받고 있음을 뜻한다.

6. 세계화

The rushing speed of globalization comes as anxiety and fear to people.

세계화의 엄청난 속도는 사람들에게 불안과 공포로 다가온다.

과학기술 · 경제의 세계화가 가져온 오늘날의 세계는 질주하는 세계(runaway world)이다. 세계화는 인류의 삶을 엄청난 속도로 변화시키고 있고 시장뿐 아니라 삶의 양식까지 변화시켰다. 세계화를 통한 자본주의의 확산은 환경오염, 유전자 변형식품 등의 리스크를 증대시키고 전통적인 결혼, 가족제도까지 붕괴시켰다. 변화의 무시무시한 템포는 사람들에게 불안과 공포로 다가온다.

Commercialism of the multinational enterprise destroys traditional culture.

다국적기업의 상업주의는 고유문화를 파괴한다.

다국적기업은 상업적 이익의 관점에서 문화를 전파하고 소비욕구를 조작하며 소비자의 무의식을 지배함으로써 문화의 획일화를 초래하고 고유문화, 문화의 다양성을 파괴한다.

Standardization and uniformity infringe rights of the minority, causing social conflict which increases the cost for problem solution.

표준화 · 획일화는 소수자의 권리를 침해하고 갈등을 유발하여 문제해결비용을 증가시킨다.

표준화 · 획일화는 강자가 자신의 코드에 강제로 편입시키거나 획일적 의사소통 체계를 수립하려고 하기 때문에 다양한 소수집단이 부상하고 있는 오늘날의 문제해결비용을 증대시키는 비효율성이 있다.

Standardization and uniformity damage the uniqueness, identity and diversity of a culture.

표준화 · 획일화는 문화의 고유성과 정체성을 훼손하고 문화의 다양성을 파괴한다.

전 세계에는 다양한 토착 지식, 인류의 지혜, 문화의 다양성과 풍부함이 각자의 언어로 보존되고 있다. 표준화 · 획일화는 인류의 지혜, 문화의 고유성과 정체성, 다양성을 파괴하여 풍요로운 문화를 일구고 행복한 삶을 영위해 나가는 것을 방해한다.

Hurry speeds to its ruin.

조급함은 파멸을
재촉한다.

Speed ideology is Fascism.

속도 이데올로기는
파시즘이다.

제이 그리피스

속도 이데올로기로 무장하고 있는 다국적 기업들은 경쟁자들을 몰락시키고 자신이 정한 기준, 스타일, 입맛으로 획일화를 강요하며 전 지구적 지배를 추구한다.

Dependence of a man on machine resulted in losing his time and joy of life.

인간은 기계의 속도에 의존하게 되면서
자신의 시간과 삶의 기쁨을 잃어버렸다.

밀란 쿤데라

인간은 과학기술의 발전으로 속도를 확보하여 좀 더 여유로운 삶을 살 수 있으리라 기대했지만, 기계의 속도에 의존하게 되면서 자신의 인생과 시간을 의식하지 못하게 되었고 시간을 확보하기 위하여 더 바삐 움직여야 하는 가운데 자신의 시간과 본성의 기쁨을 잃어버렸다.

Information and knowledge are the most key assets in the informationized society.

정보화 사회에서는 정보와 지식이
가장 중요한 자원이 된다.

정보화 사회에서는 지식, 정보, 아이디어, 디자인, 기획 등 지적 자본이 중시되고 정보
접속과 이용이 삶의 중요한 양식이 되며, 네트워크를 기반으로 하는 연결성이 성공의 관
건이 된다.

Today's wellbeing phenomenon
is the counter evidence of unwell
being.

오늘날의 웰빙 열풍은 현재 잘 있지
못하다는 것을 반증한다.

자본주의 사회는 욕심과 소비를 부추겨서 인간성을 황폐하게 만든다.

Materialism and consumerist view dilapidate our spirit, disturbing us to lead a good life.

물질중심주의, 소비중심의 가치관은
정신을 황폐하게 만들고 좋은 삶을
꾸려 나갈 수 없게 한다.

비싼 음식을 먹고 더럽거나 해로운 것을 피하고, 외모 가꾸기 등을 통해 차별화하려는 것, 심리적·사회적 웰빙이 생략된 물질 중심·소비 중심의 가치관은 정신을 황폐하게 만들 뿐 좋은 삶을 꾸려 나갈 수 없게 한다.

Modern men live a fake life while doing what others want them to do.

현대인들은 다른 사람들이 원하는 일을 하면서 가식의 삶을 살아간다.

현대인들은 매스 미디어가 제공하는 자극적 오락거리와 감각적 쾌락에 중독되어 아무런 죄의식 없이 남의 사생활을 엿보고 즐기면서 살아가며, 세상이라는 거대한 세트장 안에서 타인이 좋아하는 일을 하면서 강요된 웃음을 지으며 가식의 삶을 살아간다.

욕 망

제2장 욕망

제1절 욕망과 자기보존

> 욕망은 인간이 자기보존을 위하여 행하는 노력,
> 자신의 존재를 지속하기 위하여 행하는 노력의
> 총체이다.
>
> 스피노자

    스피노자는 저서 「에티카」에서 욕망은 인간이 자기보존을 위해 행하는 노력, 즉 자신의 존재를 지속하기 위해서 행하는 노력의 총체라고 정의하였다. 스피노자에게 있어서 욕망은 억제되어야 하는 대상이 아니라 어쩔 수 없는 본성이며 인간은 데카르트가 생각하듯이 자명한 정신으로 정의되는 이성적·자족적인 존재가 아니라 욕망과 본능의 목소리에 귀를 기울여야 하는 존재이다. 스피노자에 의하면 모든 자연적 존재는 코나투스(Conatus)를 지니고 있는데, 이것이 바로 자기보존 또는 자기지속의 노력이며 욕망은 생명의 원동력이 된다.

이 세상은 필요를 위해서는 풍요롭지만 탐욕을 위해서는 궁핍하다
간디

간디는 "이 세상은 필요를 위해서는 풍요롭지만, 탐욕을 위해서는 궁핍하다."고 하였다. 욕망은 동물의 본능을 뛰어넘어 사회적 동물로서 인간이 원하는 것이다. 자크 라캉은 '결여가 부르는 모든 요구의 총체에서 욕구를 뺀 것'을 욕망이라고 하였는데, 이것은 동물적 생존 욕구와 충동은 욕망이라고 할 수 없다는 것이다. '필요'는 1차적인 것, 즉 본능적인 것이고 '욕망'은 2차적인 것, 즉 사회적인 것과 문화적인 것이라고 할 수 있다. 예컨대 갈증으로 물을 마시고 싶은 것은 본능적인 것이고 물 이외의 주스, 콜라 등 다른 맛을 보고 싶다는 욕구는 2차적인 것이며 욕망이라고 한다.

전통 철학은 불필요한 욕망을 억제하고 이성을 활용하여 지혜롭게 살 것을 강조하였고 불교에서는 생존 유지에 필요한 욕망으로 반드시 충족되어야 하는 욕망(선욕, 善慾, chanda)과 생존에 필요한 이상의 지나친 욕망으로서 그 충족이 반드시 필요하지 않은 욕망(갈애, 渴愛, tanha)을 구분하였다. 이러한 구분은 육체와 정신의 조화 속에 행복한 삶을 영위해 나가야 하는 사람들에게 욕망의 방향을 제시해 준다.

제3절 쾌락
1. 쾌락은 인간의 활동을 완전하게 한다

   아리스토텔레스는 「니코마코스 윤리학」에서 "활동은 쾌락을 낳고 모든 활동은 거기에 따르는 쾌락으로 말미암아 완전하게 되는 것이니 쾌락은 사람들이 욕구하는 삶도 완전하게 한다."고 하였다.

   누구나 살기를 희구하는 까닭에 쾌락을 욕구한다고 말할 수 있을 것이다. 산다는 것은 활동이요, 또 사람마다 자기가 가장 사랑하는 것에 관해서 자기가 가장 사랑하는 능력을 가지고 활동한다.

아리스토텔레스「니코마코스 윤리학」 중에서

   쾌락은 살아 있는 인간이 인간다운 삶을 위해 추구하는 것으로 인간의 활동과 삶을 완전하게 하는 면이 있다. 그러나 쾌락은 그로 인해 어떤 욕구를 충족시키고자 하는가에 따라 인간에게 미치는 효과가 다르다.

쾌락은 인간의 활동을 완전하게 하며 사람들이 욕구하는 삶도 완전하게 한다.

아리스토텔레스

2. 쾌락은 인간을 불구로 만든다

쾌락은 능동성의 충족과는 무관한 욕망의 충족으로서 일시적 흥분을 불러 일으킬 뿐 내적 성장을 동반하지 않는다.

에리히 프롬

쾌락의 종류에는 여러 가지가 있으며 인간다운 삶을 위한 쾌락도 있고 그렇지 않은 경우도 있다. 맘껏 먹고 돈을 쓰는 쾌락, 성적 쾌락, 내기에서 이기는 쾌락, 음주나 약물에 의해 고양되는 쾌락, 살아있는 것을 죽이는 쾌락도 있다. 이런 종류의 쾌락을 맛볼 때 사람들은 스릴을 느끼고 만족해 하며 절정에 도달했다고 느낄 수도 있다. 하지만 에리히 프롬은 저서 「소유냐 존재냐」에서 이러한 흥분의 절정, 환각적·광란적 상태의 절정, 이러한 열정은 인간적인 것이기는 하지만 인간 조건의 적절한 해결이나 개선을 향하지 않는 한 병적인 것이며, 인간에게 에너지를 주고 인간을 성장시키기보다 오히려 인간을 불구로 만든다고 하였다. 즉 극단적 쾌락주의자의 쾌락, 끊임없는 물욕의 충족 등은 흥분을 불러일으키지만 기쁨을 주지는 못하며, 진정한 기쁨이 없기 때문에 항상 새롭고 더 자극적인 쾌락을 추구하게 만들 뿐이라는 것이다.

쾌락과 스릴은 절정에 도달하고 난 후에는 슬픔을 낳는다. 스릴은 경험했지만 용기容器가 커지지 않았고 내적 힘도 증가되지 않은 것이다. 그는 승자의 순간에 도달한 것 같이 느끼지만 그 승리에는 깊은 슬픔이 뒤따른다. 그의 내부에 아무런 변화가 일어나지 않았기 때문이다.

에리히 프롬 「소유냐 존재냐」 중에서

제4절 자본주의 - 욕망을 만들어 내는 기계장치

자본주의 사회는 욕망을 자극하고, 욕망을 사고 팔고 채워 주는 거대한 기계장치로서 인간을 욕망의 노예로 만든다.

들뢰즈와 가타리는 공저 「앙티 오이디푸스」에서 자본주의를 구성하는 자본, 상품, 노동 등 모든 것은 욕망과 연결되어 있고, 화폐는 욕망을 교환 · 순환시키는 장치이며 자본주의는 욕망을 만들어내는 기계장치라고 하였다.

자본주의 사회에서는 보고싶은 것, 먹고싶은 것, 성욕을 채우고 싶은 것 등 다양한 욕망의 수요에 응할 수 있는 메커니즘이 형성되어 있으며, 인간의 욕망 조절 기능이 작동되지 않는다. TV, 신문, 잡지에서는 '이것을 갖고 싶다, 저것을 사고 싶다' 등으로 온갖 욕망을 자극하고 확대 • 재생산한다. 그 때문에 지갑은 항상 빈털털이가 되고 범죄가 끊이지 않는다.

욕망의 소용돌이에 갇혀 사람들에게는 결핍→채무→노동의 악순환이 이어진다. 욕망을 사고 팔고 채워주는 자본주의라는 거대한 욕망의 기계장치 속에서 우리는 언제까지 욕망의 노예로 살아가야 하는가?

제5절 욕망의 절제

에피쿠로스 학파는 인간이 쾌락을 추구하는 본성을 타고 났다는 것을 전제로 쾌락을 추구하되, 욕구의 조절을 통해 고통이 없고 마음의 근심이 없는 상태(아타락시아, ataraxia)로서의 행복을 추구하였다. 에피쿠로스에 의하면 쾌락은 선이고 불쾌감, 혐오감은 악이다. 그러나 대부분의 쾌락은 오래 지속되지 못해 행복의 기초가 되기에는 부족하므로 에피쿠로스는 쾌락의 지속성을 확보하기 위해 욕망의 절제를 강조하였다. 에피쿠로스 학파에서는 지속적인 행복을 가져다주는 것은 소유가 아니라 절제를 통한 쾌락의 조절이며, 행복을 위해서는 균형감각, 사회적 관계가 매우 중요하다고 했다.

생존 유지에 필요한 욕망(선욕, chanda)을 추구하되, 그 이상의 지나친 욕망(갈애, tanha)을 제거하여 고통 없는 행복의 상태에 이를 수 있다는 불교의 가르침과 절제를 통해 쾌락을 선택하고 욕망을 조절할 것을 주장하는 에피쿠로스학파의 주장은 욕망을 어떻게 추구하고 조절해 나가느냐에 대한 실마리를 제공해 준다.

맹자의 「대장부」는 부귀로 음탕하게 되지 않고 빈천하다 하여 움직이지 않으며 위협적인 무력으로도 굴복시키지 못한다. 이는 욕망을 통제하고 공적 의지의 실천에 대한 투철한 자각을 가진 인물이다.

에피쿠로스의 정원에는 "이곳은 그대의 욕망을 채우는 곳이 아니라 잠재우는 곳이다."라고 쓰여 있었다고 한다. 에피쿠로스에 의하면 지속적인 행복을 가져다주는 것은 절제를 통한 쾌락의 조절이다.

"풍족해지고 싶거든 재산을 늘리지 말고 욕망을 줄여라."
에피쿠로스

제6절 욕망의 순환성

쇼펜하우어는 인간의 삶은 곤궁하지 않으면 권태롭다고 하였다. 이렇듯 인간이 곤궁과 권태를 오가며 고통을 겪는 까닭은 욕망에 시달리기 때문인데, 인간은 한 가지 욕망이 충족되면 더 높은 수준의 욕망에 매달리므로 고통에서 벗어날 수 없다.

> 인간은 한 가지 욕망이 충족되면 더 높은 수준의 욕망에 매달리므로 고통에서 벗어날 수 없다.
>
> 쇼펜하우어

제7절 욕망의 삼각형 구조
1. 욕망은 매개체를 필요로 한다

욕망은 주체에게서 자발적으로 생겨나는 것이 아니라 매개체를 필요로하는 간접적인 것이며 타인을 통해 전염된다.

르네 지라르

르네 지라르(Rene Girard)에 의하면 욕망은 자신의 내부에서 생기는 것이 아니라 바이러스처럼 외부에서 들어온다. 그는 문학비평서 「낭만적 거짓과 소설적 진실」(1961)에서 "욕망이란 주체에게서 자발적으로 생겨나는 것이 아니라 매개체를 필요로 하는 간접적인 것."이라고 했다. 플로베르의 소설 「보바리 부인」의 주인공 엠마가 꿈꾸는 '낭만적 사랑'은 처녀 시절에 수녀원 기숙사에서 읽은 저급한 연애소설의 영향을 받은 것이다. 르네 지라르는 '자신의 욕망이 모방된 것이 아니라 자발적이고 독자적이라는 주장'을 '낭만적 거짓'이라고 하였고, '문학작품에서 욕망의 허위를 폭로하고 욕망이 모방의 산물임을 알려주는 것'을 '소설적 진실'이라고 하였다.

2. 욕망을 생산하는 대중매체

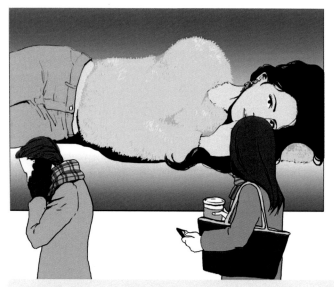

연예인들이 소비하는 옷이나 액세서리는 그 시대를 반영하는 트렌드가 되는데, 그것은 연예인이 누리고 있는 소비 취향에 근접하고 싶어 하는 모방심리 때문이다. 나의 욕망은 정말 나에게서 비롯된 진정한 욕망인가?

연예인들이 소비하는 옷이나 액세서리는 그 시대를 반영하는 트렌드가 된다. 많은 사람들은 연예인이 누리고 있는 소비계층에 근접하고 싶어하는 모방심리에 의해 트렌드를 따라간다. 연예인이 기업으로부터 협찬을 받아 소지하고 있는 제품들을 구입하는 소비자는 다른 사람들도 그 물건에 대해 높이 평가할 것이라는 심리적 안정감과 선택에 대한 확신을 갖게 되고 그것을 쓰면 나도 근사하게 보이지 않을까 하는 심리도 작용하여 트렌드를 제시하는 대중매체에 끌리게 된다. 이것이 소비를 촉진시키는 메커니즘을 형성한다.

트렌드 제품에 대한 소비는 소비자의 욕구에 의한 것처럼 보이지만, 사실은 기업의 트렌드 창조와 마케팅 전략에 의한 것이다. 또한 수입의 상당 부분을 광고에 의존하고 있는 기업과 공생관계에 있는 대중매체에 의해 유발된 것일 수도 있다. 자본주의 사회는 욕망을 창조하고 재생산하며 통제·조작한다. 어떤 물건을 소유하려는 나의 욕망이 전정한 나의 욕망인지 아니면 모방 또는 착각인지를 생각해 보아야 한다.

제8절 욕망을 거스르는 법은 실패한다

1840년대 알콜 중독이 질환으로 판명되면서 미국에서는 금주운동이 퍼져나가기 시작하였고 기독교 여성단체연합 등에서는 술을 이혼, 비행, 가난, 범죄, 타락 등 모든 사회악의 원인으로 규정하고 사회에서 추방하려고 하였다. 드센 여권의 힘으로 통과된 수정헌법 제18조는 1920년 1월 16일부터 주류의 생산, 운송, 판매, 소비를 금지하였다. 그 결과 캐나다의 주류산업이 발달하여 위스키가 미국으로 불법 반입되었고 불법 주점, 밀주 제조업이 번성하였다.

비밀 바를 운영하는 마피아는 수입이 엄청나게 늘어났고 범죄 집단이 우후죽순처럼 생겨나 대낮에도 이권다툼으로 기관총을 쏘아댔다. 밀조된 알콜이나 공업용 메틸알콜을 마시다가 실명하는 사람들도 생겨났으며, 자살자 수도 급증하였다. 금주법 시행기간 중 음주자는 오히려 늘어났고 업자, 경찰, 시민 등 무고한 생명들이 2만 명 이상 희생되었다.

금주법은 엄청난 부작용을 초래한 끝에 1933년 12월 18일에 폐지되었다. 이것은 욕망을 거스르는 법은 실패한다는 것을 보여준 대표적 사례이며, 마찬가지로 성매매 방지법, 상속을 금지하는 법도 그 효과를 거두기는 어렵다.

수요를 없앨 수 없기 때문에 암시장이 존재하는 분야에서 규제는 거래비용만 증가시킬 뿐 오히려 역효과를 초래한다.

욕망을 억압하면 욕망이 사라지는 것이 아니라 무의식적 차원으로 숨어들어 정신적 상처로 자리 잡아 신경증, 정신 불안정을 초래할 수도 있다.

미국의 금주법은 밀주 제조, 마피아의 총격전, 살인, 음주자, 자살자의 증가라는 역효과와 부작용을 초래한 끝에 결국 폐지되고 말았다. 이것은 인간의 욕망을 거스르는 법은 실패한다는 것을 보여준 대표적 사례이다.

제9절 부질없는 욕망 - 맥베스

  셰익스피어의 비극에 나오는 맥베스는 용맹스런 장군이며, 아내를 사랑하는 남편이고, 충성스러운 신하이며 성품이 훌륭하고 앞을 내다볼 줄 아는 현명한 사람이다. 그러나 전쟁을 마치고 돌아오는 맥베스에게 마녀들은 앞으로 그가 왕이 될 것이라고 예언하며 맥베스의 마음속에 있는 야망을 부추겼고 그의 아내도 덩컨 왕을 죽이고 맥베스가 왕이 되어야 한다고 부추겼다. 결국 맥베스는 왕을 죽이고 왕위를 찬탈한 후 그 악행을 숨기기 위해 계속 또 다른 살인을 저지르게 된다. 그는 양심의 가책으로 불안해 하며 마음의 평화를 잃고 극도의 절망과 허무함 속에서 세자 말콤의 병력에 맞서 마지막 전투를 벌이다가 두려움과 공포감 속에 죽어갔다. 한 인간의 부질없는 욕망은 자신을 살인의 광기로 내몰아 파멸을 초래하였고, 살인과 악행으로 삶의 의미를 잃어버린 그는 죽어가면서 다음과 같은 독백으로 회환의 절규를 남겼다.

> 인생은 걸어다니는 그림자
> 주어진 시간동안 무대에서 활개치고 안달하다가
> 사라지는 슬픈 배우
> 인생은 소음과 광기로 가득 찬 세상에서 아무런 의미도 없고
> 아무도 기억하지 않는 바보들의 이야기
>
>   셰익스피어 「맥베스」 중에서

제10절 욕망이라는 이름의 전차

사람들은 욕망이라는 이름의 전차를 타고 가다가 묘지라는 종착역에 도착하게 된다.

테네시 윌리엄스

욕망이라는 이름의 전차는 평범하고 지루한 일상으로부터의 탈출 욕구이며 인간의 본성이 향하는 곳이다. 인간은 누구나 욕망의 지배를 받기 쉬우므로 이 열차는 누구나 타고 싶어 하고, 쉽게 탈 수 있다. 사람들은 꿈을 쫓아 어디론가 떠나려고 하지만 비정한 현실은 그 꿈을 산산히 부서뜨리고 비현실적인 꿈과 일그러진 욕망은 현실에서 패배자를 양산한다.

인간의 내면에는 욕망하는 자아가 있다. 그러나 본능적 욕구를 만족시키는 수준에서 더 나아가지 못하는 저급한 욕망, 빗나간 욕망은 허탈함을 남기고 파멸을 재촉할 뿐 전차의 종착점은 낙원이 아니라 묘지가 될 수도 있다.

사람들이 '욕망'이라는 이름의 전차를 타고 가다가 '공동묘지'라는 이름의 전차로 갈아타고, 여섯 블록을 지난 뒤 '낙원'이라는 곳에서 내리라고 하더군요.

테네스 윌리엄스 「욕망이라는 이름의 전차」 중에서

제11절 욕망 - 원초적 본능

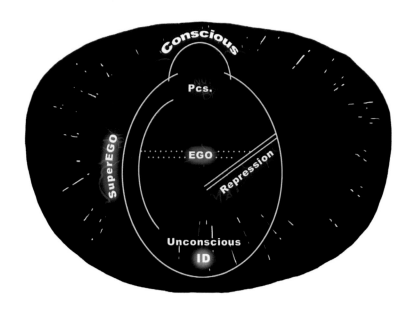

인성은 'ID, Ego, Superego'의 세 부분으로 되어 있다. 가장 아래층에 있는 ID는 원초적, 동물적 본능으로서 무의식의 바다에서 활개 치는 욕망 덩어리다.

프로이트

프로이트의 인성 분류에 따르면 우리의 인성은 세 개의 층으로 되어 있는데, 가장 아래층에 있는 이드(Id)는 원초적 본능이다. 이드는 아직 이성, 도덕, 윤리를 모른다. 이것은 무의식의 바다에서 헤엄치는 욕망 덩어리로서, 쾌락원리에 따라 본능적 욕구를 만족시키려고 한다.

두 번째 층인 자아(Ego)는 현실을 인식하고 현실원리에 따라 행동하며 이드(Id)를 억제한다. 세 번째 층인 초자아(Superego)는 인성의 도덕적 측면이며, 이상을 대표한다. 초자아는 내면화한 도덕률로 완전성을 지향하며 양심이라는 형태로 우리를 감시한다. 프로이트는 이 세 개의 층이 조화를 이룰 때 원만한 인격을 갖출 수 있다고 하였다.

제12절 예술 - 욕망의 승화

몸속에서 꿈틀대는 욕망 덩어리인 이드는 끊임없이 쾌락을 추구하나, 자아는 이를 억제하고 욕망의 충족은 현실의 제약을 빈다. 그러나 공상과 예술 속에서는 현실의 제약을 벗어나 마음껏 욕망을 표현하고 실현할 수 있기 때문에 인간은 문학이나 예술을 통해 꿈과 욕망을 성취하고자 한다. 예술은 사회적으로 금지된 것을 교묘히 변형시켜 남들이 쉽게 눈치채지 못하게 표현하고 공상을 통해 얻을 수 있는 것, 허황되어 보이는 꿈을 현실로 가져온다. 그러나 인간이 하늘을 날고 우주 여행을 하고 해저 탐험을 하는 허황된 꿈도 시간이 지나면 현실화되기도 한다. 결국, 예술은 욕망을 승화시키고 공상과 꿈속에서 가능했던 것을 현실로 가져온다는 점에서 욕망의 실현에 기여한다.

> 예술은 공상과 꿈속에서만 가능한 일을 현실로 가져오며, 욕망을 승화시켜 예술로 탄생시킨다.

마르크 샤갈, 산책(1917-1918)

제13절 헛된 욕망 - 이카루스의 꿈

테세우스와 아리아드네를 도와 미노타우루스가 있는 미궁을 빠져나오는 힌트를 주었던 다이달로스와 그 아들 이카루스는 미노스왕의 미움을 사서 감옥에 갇히게 된다. 다이달로스는 밀납으로 날개를 만들어 탈출한 후 아들 이카루스에게 너무 낮게 날아서 부딪치거나 너무 높게 날아 태양에 날개가 녹지 않도록 하라고 당부하였다. 그러나 태양 가까이 높게 날고 싶었던 이카루스의 무모한 열정은 추락사로 끝나게 된다.

가장 높은 곳까지 날고 싶어하는 인간의 자신감, 허영심, 헛된 욕망은 비극으로 끝났다. 그러나 이러한 무모한 열정이 있었기에 인간은 진보를 이룩할 수 있었으며 그것이 없었다면 우리는 현재 누리고 있는 것조차 누리지 못하고 있을 수도 있다.

> 태양 가까이 높게 날고 싶었던 이카루스의 무모한 열정은 인간의 허영심, 헛된 욕망을 나타낸다.

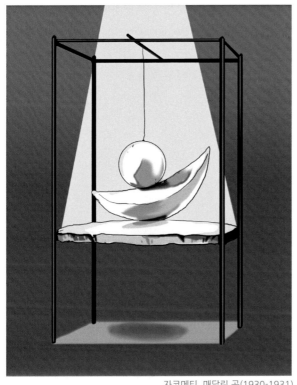

자코메티, 매달린 공(1930-1931)

공은 굴러 내려가고 싶지만 줄에 매달려 있다. 인간의 욕망은 충족될 수 없고 결국 허공과 무만 남는다.

공은 초승달 모양의 물체 위에 있다. 그대로 두면 공은 초승달 모양을 따라 굴러 내려가게 되어있다. 그러나 공은 바이올린 줄에 매달려 있기 때문에 그럴 수 없다. 공과 초승달은 인간의 욕망을 반영한다. 공이 남성, 초승달이 여성을 상징한다면 바이올린 끈으로 인해 남성과 여성의 결합(성욕)은 좌절되고 두 남녀는 허공에 떠 있게 되며 공허, 부재, 침묵, 무無만 남아 그들을 지탱한다.

제15절 모성회귀의 욕망

어머니와의 분리는 불안감을 준다. 불안은 모성회귀의 욕망을 부추기며 어머니의 몸을 열고 싶어 한다.

달리, 서랍이 달린 밀로의 비너스(1936)

　욕망은 몸과 관련이 있다. 욕망은 어머니와의 분리를 동기로 하지만 어머니와의 분리는 불안을 야기하며, 불안은 자궁회귀의 욕망을 부추긴다. 그러므로 욕망은 특히 어머니의 몸과 관련이 있다. 그런 점에서 달리는 여성(어머니)의 몸을 열고 싶어 한다.

There is a sufficiency in the world for man's need but for man's greed.

이 세상은 필요를 위해서는 풍요롭지만 탐욕을 위해서는 궁핍하다.

Avarice and happiness never saw each other, How then should they become acquainted?

탐욕과 행복은 서로를 본 적이 없는데, 어떻게 친해질 수 있겠는가? -벤자민 프랭클린

He who desires is always poor.

욕망하는 자는 늘 가난하다.

Your desires be endless, your cares will be so too.

욕망이 무한하다면, 근심도 마찬가지일 것이다.

Everything seems fuller when the room is empty than when crowded.

텅 비어 있을 때는 가득 찼을 때보다 더 충만하다.

When you have nothing you gain everything.

아무 것도 갖지 않을 때 온 세상을 갖게 된다.

소유물이 늘어나면 그에 비례하여 부자유도 늘어나게 되므로 아무것도 갖지 않을 때 온 세상을 갖게 된다. 이것이 무소유의 역리이다. -법정 스님

That man is richest whose pleasure are the cheapest.

가장 부유한 사람은 가장 값싸게 즐거움을 얻는 사람이다. -헨리 데이빗 소로

He is richest who is content with least.

가장 적은 것으로도 만족하는 사람이 가장 부유한 사람이다.

Having the fewest wants, I am nearest to the gods.

부족한 것이 가장 적으므로 나는 신들에 가장 가깝다. -소크라테스

Think of what you have rather than of what you lack.

없는 것보다 갖고 있는 것들을 생각하라. -마르쿠스 아우렐리우스

끊임없이 남들과 비교하여 부족한 것을 생각하는 것은 어떻게 하면 내가 좀 더 불행해질 것인가를 연구하는 것과 같다.

Life is a hospital in which every patience is possessed by the desire to change his bed.

삶이란 침대를 바꾸려는 욕망에 사로잡힌 환자들이 집결해 있는 병원과 같다.

Possessiveness stems from lack of affection.

소유욕은 애정결핍에서 나온다.

피에르 쌍소

인간은 소유물을 통해 자신을 과시하고 인정받고자 한다. 그러나 끊임없이 더 많은 것을 소유하려는 욕망은 부족한 내면을 채우기 위한 욕망, 애정결핍에서 나타나는 결과이며 우리는 이 같은 광기와 상스러운 무지에서 벗어나야 한다.

By persistently desiring the unattainable, one weakens oneself without attaining anythings.

얻을 수 없는 것을 끝없이 갈구함으로써
인간은 아무것도 얻지 못한 채
스스로 쇠약해진다.

Infinite in his desire, man is a fallen god who remembers heaven.

욕구에 무한한 인간은 천국을 기억하는 타락한 신이다.

Contentment is natural wealth, luxury is artificial poverty.

만족은 타고난 부유함이며, 사치는 인위적 빈곤이다.

All progress is based upon a universal innate desire.

모든 진보는 인간의 타고난 욕망에서
비롯된다.

하고 싶은 것을 하는 것은 인간의 본성이며, 욕망은 자기 보존을 위한 노력으로서 삶을
지탱해주는 원동력이 된다. 그러나 인간 조건의 개선과 내적 만족을 추구하지 않는 탐욕
과 쾌락은 오히려 인간을 황폐하게 하고 불구로 만든다.

The thirst of desire is never filled, nor fully satisfied.

욕망의 갈증은 결코 채워지지도,
완전히 만족되지도 않는다.

쇼펜하우어는 인간의 삶은 곤궁하지 않으면 권태롭다고 하였다. 인간이 곤궁과 권태를
오가며 고통을 겪는 것은 욕망에 시달리기 때문인데, 인간은 한 가지 욕망이 충족되면 더
높은 수준의 욕망에 매달리므로 고통에서 벗어나기 어렵다는 것이다.

3

사 랑

제3장 사랑

제1절 사랑 - 진화의 수수께끼
1. 사랑은 정의내리기 어렵다

> 사랑은 잘 정돈된 감정이 아니라 다양한 심상의 집합이며 한마디로 정의 내리기 어렵다.

사랑의 어원은 에로스, 필레오(phileo, 인류에 대한 사랑, 지혜에 대한 사랑), 아미 키타스(ami citias, 우정), 아가페, 큐피드(cupid, 맹목적 사랑, 분별없는 사랑) 등 여러 가지가 있는데 이것은 사랑이 성적 사랑(욕정), 지혜에 대한 사랑(지식, 철학), 신의 사랑, 우정, 자비, 동지애, 조국애, 자선, 호의 등 모든 선의를 총칭하는 총괄개념 또는 부분집합으로 사용된다는 것을 보여준다.

존 엘러리의 분류에 의하면 이밖에도 여러 형태의 사랑이 있다.

• 루두스(ludus): 장난스러운, 우연한 사랑, 크게 관심을 보이지 않으나 만나면 재미있고 즐겁다. 심심하지는 않으나 특별한 온정의 교류가 없고 질투도 없다.

• 스토르지(sorage): 열정, 탐닉은 많지 않으나 자신도 모르게 빠져드는 정이나 따스함을 느끼는 경우다. 지속력이 강하나 극적인 열정이 없다. 우정에서 사랑으로 변하는 경우에 흔히 있다.

• 프라그마(pragma): 현실적인 사랑, 가슴보다 머리로 하는 사랑, 여러 면으로 볼 때 자신에게 맞고 적당하니까 만나다가 나중에 서로 마음이 맞으면 진한 사랑으로 발전할 수도 있다.

• 마니아(mania): 격정적 사랑, 광기, 환희, 절망, 분노가 교차한다. 항상 보고싶어 미칠 지경이지만, 갑작스런 파탄을 맞이할 수도 있다.

진화 심리학에서는 사랑을 섹스로 바꾸어 그것을 번식에 기여하기 위한 자연의 의도이자 우수한 후손을 남기기 위해 최고의 수컷이 최고의 암컷을 차지하여 종족을 퍼뜨려야 한다는 이기적 유전자의 논리로 설명한다. 남성은 번식에 유리한 여성에게 이끌리고, 여성은 자녀 양육에 유리한 조건을 제공해 줄 수 있는 상대에게 끌린다는 설명 및 사랑은 우리의 게놈을 교묘히 섞어 기생충을 혼란에 빠뜨림으로써 전염병의 공격으로부터 살아남기 위한 것이라는 설명, 남성과 여성은 자신과 면역 체계가 가장 다른 이성을 선택한다는 설명도 이와 맥락을 같이 한다.

그러나 끌림은 우리를 최적의 파트너와 결합시키는 것이 아니라 가장 호감을 주는 상대와 결합시킨다. 따라서 우리는 사랑하는 상대로 가장 사랑스러운 사람을 고르지 않고 때로는 적국의 스파이나 지극히 의심스러운 사람, 기대를 저버릴 가능성이 많은 사람을 선택하기도 한다. 사랑은 이성적으로 설명할 수 없는 비논리와 모순으로 가득하고 유전자의 최적화에 오히려 방해가 되기도 한다. 따라서 사랑을 본능적인 생식욕으로 격하시켜 생물학적으로 단순하게 설명하는 것은 부분적 이해만을 제공할 뿐이다.

> 진화 심리학에 기반을 둔 유전자 이론은 남성은 번식에 유리한 여성에게 이끌리고, 여성은 자녀 양육에 유리한 조건을 제공해 줄 수 있는 상대에게 끌린다고 함으로써 사랑을 생물학적으로 설명하고자 한다.

3. 사랑과 이기적 유전자②

아담 스미스는 「도덕감정론」에서 인간이 아무리 이기적이라고 하여도 인간의 본성에는 타인의 운명에 공감하고 타인의 행복을 위해 노력하는 근본적 기질이 존재한다면서 그 대가로 인간이 얻는 것은 자기 만족 이외에 다른 어떤 이득도 없다고 하였다. 다윈은 생존을 위한 투쟁이 아무리 중요하다 하더라도 인간 본성에는 그보다 중요한 다른 힘(도덕적 특성)이 있으며 그중 가장 중요한 것은 사랑이라고 하였다.

진화론의 원조인 다윈은 "사랑은 번식과 자녀 양육과 관계없이 미적 감정과 연민으로 둘러싸여 있으며, 소를 교배시킬 때는 혈통을 고려하지만 사랑에 있어서는 그렇지 않다."고 하였다. 사랑은 양질의 후손을 생산하기 위한 최적의 파트너를 찾는 동기가 아니라 첫눈에 불꽃튀는 매력에 의해 좌우되는 경우가 많다. 또 인간은 생물학적 필요를 넘어서는 깊은 애착을 느끼며 살아가고 있으며 공감, 호감, 헌신, 책임감 등은 이기심이 요구하는 것보다 훨씬 강력하다. 이기적 유전자 이론은 사랑의 지극히 단편적인 부분을 설명할 수 있을 뿐이다.

진화론의 원조인 다윈은 생존을 위한 투쟁이 아무리 중요하다 하더라도 인간 본성에는 그보다 더 중요한 도덕적 특성이 있으며 그 중 가장 중요한 것은 사랑이라고 하였다.

4. 사랑과 손익계산, 이기심

경제적 시각에서 본다면 사랑은 손익계산의 결과로서 상대방이 나에게 무엇을 제공할 수 있을 것인지를 검토하고, 나는 상대에게 무엇을 줄 수 있는지를 따져본다.

경제적 시각에서 본다면 사랑은 손익계산의 결과이다. 우리의 무의식은 생겨날 수 있는 관계의 손익을 냉정하게 계산하고 있다. 상대방이 나에게 무엇을 제공할 수 있을 것인지 검토하고, 나는 상대에게 무엇을 줄 수 있을지 따져본다. 그리고 두 가지 결과를 비교, 평가하여 양쪽의 손익계산이 모두 긍정적인 결과로 나타나면 서로 가까이 다가가서 관계를 맺는다.

1992년 인간 행동의 경제적인 근거를 밝힌 이론으로 노벨 경제학상을 수상한 게리 베커는 "결국 모든 것은 계산되기 마련입니다."라고 주장하였다. 투자, 결혼 등 인간 행동의 결정에는 언제나 손익계산이 숨어있는데, 손익계산의 결과로 독신자는 자유보다 결혼으로 인한 이익이 더 큰 것으로 나타난다면 독신이기를 포기하게 된다는 것이다.

5. 사랑은 모순 덩어리

사랑은 가슴을 희망으로 가득 채우고 삶의 의욕을 샘솟게 하지만, 슬픔과 한숨이라는 대가를 치러야 하며 영혼의 아픔과 고문을 겪어야 한다.

사랑은 달콤한 기쁨이자 처절한 슬픔이다. 누군가를 사랑할 때 가슴은 희망으로 채워지고 삶의 의욕이 샘솟는다. 사랑은 갈 수 없는 곳을 가게 하고 할 수 없는 일을 하게 한다. 그러나 사랑은 슬픔과 한숨이라는 대가를 치르게 하며 영혼의 아픔과 고문을 겪게 한다. 사랑은 숭고해 보이지만 더 없이 가벼운 것이고 진실해 보이지만 허영으로 가득차 있으며, 겉으론 근사해 보이지만 속으로는 무척 혼란스럽다. 사랑은 무질서하고 복잡한 감정이고 이성적으로 재단할 수 없는 모순 덩어리이며 사람을 살리기도 죽이기도 한다.

오, 묵직한 가벼움이여 진실한 허영이여
겉으론 근사하나 꼴사나운 혼란
납으로 된 깃털, 빛나는 연기
차디찬 불, 병든 건강이로구나
늘 눈떠있는 잠, 분별력 있는 미치광이
숨 막히게 하는 쓴 약, 생명을 주는 영약

셰익스피어 「로미오와 줄리엣」 중에서

6. 사랑은 진화의 수수께끼

여성 인류학자 헬렌 피셔는 욕정, 끌림, 애착의 세 요소를 사랑과 밀접하게 연결된 세 가지 감정체계로 보았다. 욕정은 뇌의 작용, 호르몬, 김긱기권괴 관련이 있고 끌림은 매력적인 외모, 아름다운 목소리, 존경할 만한 인품, 권력과 힘 등에서 느껴진다. 애착은 아끼는 마음, 파트너십 등을 뜻한다.

그러나 위와 같은 요소 이외에도 사랑에는 이성적으로 설명할 수 없는 무수한 비논리와 상황전개가 이어진다. 자연은 인간의 논리법칙을 따르지 않으며 사랑도 마찬가지이다. 자연은 사랑에 대한 어떤 계획도 가지고 있지 않기 때문에 사랑은 인간 욕구의 산물일 수도 있다. 사랑은 생물학적으로 정의되거나 이성적으로 쉽게 이해할 수 있는 것이 아니다.

사랑이라는 감정이 어미·자식간의 애착관계, 양육과정에서의 편안하고 안정된 느낌, 육체적·정신적 친밀관계가 집단의 구성원으로 확장되었다는 점에서 사랑의 근원은 부모의 보살핌에 있는 것으로 추측할 수 있으나 본능과 생식, 양육, 유전자 보존의 차원을 넘어 복잡 미묘한 양상으로 발전되어 온 것은 진화의 수수께끼이자 경이로움이 아닐 수 없다.

사랑의 근원은 부모와 자식과의 애착관계, 부모의 보살핌에 있는 것으로 추측되나 그것이 본능과 생식, 양육의 차원을 넘어 이렇게 복잡 미묘한 양상으로 발전되어 온 것은 진화의 수수께끼가 아닐 수 없다.

제2절 사랑 - 특별한 이끌림
1. 사랑은 감정적 활동이다

스페인의 철학자이자 문화비평가 호세 오르테가 이 가세트는 "사랑은 어떤 대상을 향한 순수한 감정적 활동으로써 지적 활동과 다른 활동이며, 의지와 관계없는 이끌림으로 이성이 작용하지 않는 것."이라고 했다. 그리고 사랑은 본능에 가깝다기보다 창작행위에 가까우며 감정의 동맥이 사랑을 끊임없이 담아 심장으로 옮기는 것이 제대로 된 사랑의 운명이라고 했다. 나아가 지혜로운 남자가 지혜로운 여자를 사랑해야 한다는 논리는 과학이나 정치 같은 데만 적용되는 것이며, 맑은 영혼이 또다른 맑은 영혼을 만나려 하는 것은 옳은 일이지만, 사랑의 논리는 그런 것과 관계가 없다고 했다.

호세 오르테가 이 가세트에 의하면 남자가 이성으로 하지 않는 유일한 것이 있다면 그것이 바로 사랑이며 똑똑한 남자가 똑똑한 여자와 사랑에 빠져야 한다는 것은 단순한 생각이다. 따라서 사람들은 도저히 신뢰할 수 없는 사람, 기대를 저버릴 가능성이 많은 사람, 심지어 적국의 스파이와 사랑에 빠지기도 한다는 것이다.

> 사랑은 어떤 대상을 향한 순수한 감정적 활동으로서 의지와 관계없는 이끌림이다. 때문에 지혜로운 남자가 반드시 지혜로운 여자를 사랑해야 한다는 논리는 성립되지 않는다.

2. 사랑은 비이성적 활동이다

> 여성의 재능, 희생적 태도, 고귀함 그런 것들이 존경할 만한 가치이기는 하나, 남자들은 그런 여성에게 매력을 느끼지 않는다.

호세 오르테가 이 가세트는 '사랑은 의지와 관계없는 특별한 이끌림이며, 이성이 작용하지 않는 순수한 감정적 활동'이라고 했다. 따라서 지적인 남자가 지적인 여자와 사랑에 빠져야 한다는 생각은 사랑을 기하학적 공식으로 생각하는 것과 마찬가지로 옳지 않다. 여자의 비이성적 특성이 오히려 남자를 지배하고 마술에 걸리게 하며, 변덕과 부조리한 면모가 남자로 하여금 매력을 느끼게 할 수도 있다고 한다.

사실 지나치게 이성적이고 지적인 여자, 희생적이고 고귀한 태도를 가진 여자는 사랑을 느끼게 하기 보다는 우정과 존경심을 자아낸다. 따라서 여성의 뛰어난 재능, 희생적 태도, 고귀함 그런 것들이 경이롭고 존경할 만한 가치이기는 하나, 남자들은 그런 이유로 사랑에 빠지지 않는다. 남자들은 위와 같은 고귀한 가치들을 어머니, 누나, 간호사, 수녀, 자원봉사자 같은 사람에게서 찾으려고 할 뿐, 사실은 예측 불가능하고 부조리한 여성, 머리가 비었더라도 눈에 띠는 미모를 갖춘 여성에게 더 끌린다는 것이다.

3. 넬슨 제독과 에마 하트

해밀턴 경의 부인이었던 에마 하트는 트라팔가 해전의 영웅 넬슨 제독과 금지된 사랑에 빠지게 되었다.

에이미 라이언은 어렸을 때부터 빼어난 미모로 이성관계가 복잡했고, 16세에 임신을 하여 아기를 낳기도 하였다. 그레빌이라는 난봉꾼은 돌팔이 의사의 집에서 하녀로 일하던 에이미를 발견하여 정부로 삼았다가 삼촌인 해밀턴 경에게 소개시켜 주었다. 그녀는 이름을 에마 하트로 바꾸고 사교계에 데뷔하여 25세가 되던 1791년, 35세 연상인 나폴리 주재 영국 대사 해밀턴 경과 결혼하였다. 훗날 에마는 트라팔가 해전의 영웅 넬슨 제독을 만나게 되고 금지된 사랑에 빠지게 된다. 1801년 에마는 넬슨의 딸을 낳고 남편이 사망한 후 넬슨과 함께 살았으나, 넬슨도 세상을 떠나게 되었다. 그 후 에마는 술과 낭비로 유산을 탕진하고 알콜 중독으로 인한 비만과 간경화로 사망하였다.

이렇다 할 재능이나 교양이 없었고 멋진 옷을 입고 뽐내며 파티에 가고, 돈을 쓰고, 초대하고 초대 받는 것이 전부인 가벼운 여자를 왜 당대의 괜찮은 남자들이 사랑하게 되었을까? 이에 대하여 호세 오르테가 이 가세트는 "남자가 이성으로 하지 않는 유일한 것이 사랑이며, 여자의 비이성적 특성이 남자를 지배하고 남자를 마술에 걸리게 하며, 변덕스러움과 부조리한 면모가 사실은 남자로 하여금 매력을 느끼게 하는 핵심이 된다."고 설명하였다.

4. 사랑은 타인의 궤도에 오르는 것

호세 오르테가 이 가세트는 「사랑에 관한 연구 - 사랑 그 특별한 이끌림에 대하여」에서 사랑은 불완전하고 영원한 그 어떤 것이라고 하면서, 사랑에 있어서는 모든 것이 움직임 그 자체라고 했다. 그에 의하면 사랑은 한 영혼이 다른 영혼을 향해 나아가는 끊임없는 에너지이며, 사랑하는 대상과 하나가 되려는 지속적인 흐름으로서 원하는 대상을 얻음으로써 사라지는 소유의 욕망과는 다른 것이다.

예컨데 사랑하는 그녀가 중국인이라면 그는 그녀의 세계를 이해하고 그녀의 세계에 함께 있기 위해 중국어를 열심히 공부해야 하고, 그녀가 교회에 다닌다면 그녀의 정신세계에 동참하기 위해 함께 교회를 다녀야 하는 것이다. 사랑은 대상과 하나가 되고자 하는 끊임없는 에너지, 지속적인 흐름으로서 나의 존재가 삶의 근원에서 뿌리 뽑혀 다른 존재의 근원으로 이식되는 것과 같다는 것이다.

> 사랑은 한 영혼이 다른 영혼을 향해 나아가는 끊임없는 에너지이며 사랑하는 대상과 하나가 되려는 지속적인 흐름이다.
>
> 호세 오르테가 이 가세트

5. 사랑은 위험한 도약

사랑을 하려면 나와 다른 궤도의 삶을 살아온 사람, 다른 규칙의 세계에 적응해야 한다. 사랑을 하게 되면 나의 개성을 버리고 다른 사람의 시선으로 다른 사람의 귀로 보고 들어야 한다.

사랑은 타자, 다른 세계로의 위험한 도약과 비약이다. 이것은 존재를 불안에 휩싸이게 하지만 상대를 존중하고 다른 사람의 입장에서 생각하게 함으로써 자아의 굳은 껍질을 깨뜨리게 하여 내면을 성숙하게 한다.

> 사랑을 하려면 다른 궤도의 삶, 다른 규칙의
> 세계에 적응해야 한다. 따라서 사랑은 다른
> 세계로의 위험한 도약과 비약이다.

제3절 사랑은 움직이는 것
1. 사랑의 맹세①

맹세는 불길처럼 타오르다가 금세 사라진다. 순간은 끊임없이 흘러가고 세상만사는 다 흘러가며 변한다.

수많은 연인들은 "바닷물이 마를 때까지, 바위가 햇살에 녹을 때까지, 태양이 식을 때까지 사랑하겠다."고 맹세를 한다. 그러나 순간은 끊임없이 흘러가고 우리의 육체와 의식뿐 아니라 세상만사는 다 흘러가며 변한다. 또 인간은 자유의지를 가지고 있기 때문에 마음을 한 곳에 매어둘 수가 없다. 맹세는 말에 지나지 않고 말은 바람에 지나지 않으며, 연인들의 맹세는 그 당시의 그들 이외에는 아무도 믿지 않는다. 이때문에 그 맹세는 술집 웨이터의 말처럼 엉터리이며, 신도 웃어넘긴다는 것이다.

피가 끓어오르면 무슨 맹세인들 못하겠니?
맹세란 불길처럼 타오르다가 금세 사라지는 거야
그 불길을 진심으로 받아들였다가는 큰코다친다.

셰익스피어 「햄릿」 중에서

남자의 맹세는 술집 웨이터의 말처럼 엉터리지.

셰익스피어 「뜻대로 하소서」 중에서

2. 사랑의 맹세②

행위는 약속 할수 있으나 감정은 약속 할수 없다. 섣불리 영원이라고 말하려 말라.

감정은 의지대로 되지 않기에 감정을 약속할 수는 없으며, 영원히 사랑하겠다는 약속은 감정을 약속한 것이기에 지키기 어렵다. 따라서 섣불리 영원이라고 말해서는 안 된다.

니체는 "감정은 의지대로 되지 않기에 감정을 약속할 수는 없으며, 영원히 사랑하겠다는 약속을 하는 것은 겉으로의 영원을 약속한 것뿐이므로 그것은 지켜지기 어렵고 그로 인해 상대는 상처를 받기 쉽다. 그러니 사람들은 섣불리 영원이라고 말해서는 안된다."고 하였다. 수많은 연인들이 사랑을 고백하고 영원한 사랑을 맹세하지만, 시간이 흐르면서 감정이 식게 된다. 이것은 상대방에게 어떤 잘못이 있어서가 아니라 자연스럽게 일어나는 변화이다. 순간은 끊임없이 흘러가고 우리의 육체와 의식은 늘 변하고 있다.

샤르트르에 의하면 사랑은 믿음의 서약인 동시에 타인의 자유를 인정하는 태도인데, 자유의지를 가진 인간은 마음을 한 곳에 매어둘 수 없다는 것이다. 사랑의 맹세는 그 당시의 감정이 평생 지속된다고 하기보다 그것이 끈끈한 유대관계로 이어져 우정, 동지애 같은 관계로 변모하여 서로가 배신하지 않겠다는 행위의 약속일 뿐이며 그것이 사랑의 맹세가 갖는 본질이다.

사랑이 시작될 때는 끌림이 모든 것을 덮어 주어 상대의 단점이 보이지 않게 되고 상대방에게 신비로움을 느끼고 서로를 이상화한다. 그러나 시간이 지나면서 비판적 시각이 작동하여 열정이 식게 된다. 시간은 정열의 적이다. 사랑의 마법은 시간과 함께 사라지고 성스럽던 것은 진부함이 되어 두 사람만의 세계는 몰락하게 된다.

낭만의 가장 큰 적은 익숙함인데, 익숙함은 편안함을 주지만 한편으로는 신비감과 매력을 감소시킨다. 정열적 사랑은 오래 지속되지 않는다. 우정과 같은 관계는 시간이 지날수록 더욱 성숙해 질 수도 있으나, 남녀간의 애정관계는 끌림에 바탕을 두고 있기 때문에 시간의 흐름에 따라 퇴색된다.

사랑은 집중과 긴장 상태를 무한히 지속시킬 수 없고 끌림의 감정은 3년이 최고이며 대부분은 3~12개월이면 사라진다고 한다.

국제적 통계에 따르면 남녀간의 애착관계는 4년 무렵 가장 많이 파경을 겪게 된다고 한다.

사랑이 시작될 때는 끌림이 모든 것을 덮어 주어 상대에게 신비로움을 느끼고 서로를 이상화하지만, 시간이 지나면서 비판적 시각이 작동하게 되고 열정이 식게 된다.

4. 사랑의 열정은 식는다②

> 정열적 사랑은 강렬하지만 사랑의 마법은 익숙함에 묻혀 시간
> 과 함께 사라지고 성스럽던 것은 진부함이 되어 두 사람만의 세
> 계는 몰락하게 된다.

　정열적 사랑은 강렬하지만 평범한 일상의 권태를 이겨내기 어렵다. 낭만의 가장 큰 적은 익숙함인데 사랑의 마법은 시간과 함께 사라지고 성스럽던 것은 진부함이 되어버리고 두 사람만의 세계는 몰락하게 된다. 익숙함은 짜릿한 자극을 주지는 않지만 안정감을 준다. 짜릿한 흥분은 사라졌지만 함께 했던 즐거운 기억을 회상하고 위기의 순간을 함께 극복해 나가면서 끈끈한 유대관계가 다져져 우정과 동지애 비슷한 관계로 나아가게 된다.

　가치의 공유는 좋은 사랑을 유지하는 전제가 된다. 처음 만났을 때의 아름다운 경험 같은 행복했던 느낌을 기회가 날 때마다 되살려 회상에 잠겨보고, 일상을 소중한 것으로 만들어 나가며 창의력을 발휘하여 때때로 변화를 주고 우리 마음의 가능성 감각을 활짝 열어둔다면 열정이 식는다고 걱정할 필요는 없을 것이다.

　모래위에 지어진 마법(열정)의 성이 사라진 자리에 견고한(신뢰의) 성이 구축된다.

5. 정열의 대상을 사랑했다고 할 수 있는가?

정열은 정상적인 판단을 저해하고 객관적인 판단을 어렵게 하여 상대를 있는 그대로 보지 못하게 한다. 장점만을 미화하여 이상화하기 때문에 시간이 지난 후 우리는 정열의 대상이 무엇이었는지조차 모르게 되는 경우가 있다. 이 때문에 스탕달은 20년 전에 쓴 자신의 편지가 마치 남의 나라 글로 쓰여진 것 같다고 표현하기도 했다.

정열의 대상이 무엇이었는지는 매우 모호한데, 자신이 갈망하는 이미지를 투영할 타자가 필요했던 것인지, 대상 그 자체를 실제로 사랑한 것인지, 자기 자신을 사랑한 것인지, 정열이라는 뜨거운 감정 그 자체를 사랑했던 것인지 파악하기가 어렵게 된다. 이에 대하여 프루스트(Proust)는 "우리는 현실의 인간을 사랑하는 것이 아니라 자기가 만든 인간을 사랑한다."고 하였다.

> 정열은 정상적인 판단을 저해하고 객관적인 판단을 어렵게 하여 상대를 있는 그대로 보지 않고 장점만을 미화하여 보게 하기 때문에 시간이 지난 후 우리는 정열의 대상이 무엇이었는지 조차 모르게 되는 경우가 있다.

밤길 두사람은 재회했으면
서도 서로를 알아 보거도
못 하였다. 모든게 신들의 장난
이고, 어느새 그들에게 남은 건 눈물 뿐이었다....
이 나이를 먹은 뚱뚱한 원주민 여자를 도대체 무엇때문에
그토록 열렬히 사랑했던가..?
〈서머싯 몸 'The Red'中〉

6. 사랑은 움직이는 것①

인간은 자유의지에 의해 자신의 행동과 삶의 방식을 스스로 결정해 나가기 때문에 그 선택은 언제든지 철회될 수 있다.

사랑에 빠진 자가 원하는 것은 절대적 선택을 받는 것이다.

장 폴 샤르트르

다른 사람들과의 비교우위에서 내가 선택받았다는 것은 선택의 대상이 확대되었을 때 다른 선택을 하게 될 수도 있다는 것을 의미한다.

샤르트르에 의하면 사랑은 믿음의 서약인 동시에 타인의 자유를 인정하는 태도인데, 인간은 자유의지에 의해 자신의 행동과 삶의 방식을 스스로 결정하여 나가는 존재이므로 그 선택은 언제든지 철회될 수 있다는 것이다. 따라서 절대적 선택, 최후의 선택을 받는다는 것은 사실상 불가능한 것이며 내가 어떤 조건에 처하더라도 절대적으로 나만을 선택하는 일은 자유를 가진 인간에게는 허락되지 않는다.

7. 사랑은 움직이는 것②

알랭 드 보통은 「Essay in love」에서 남녀의 첫 만남에서부터 변심, 기타의 이유로 느슨해지고 시들해지는 단계를 거쳐 만나고 사랑하고 질투하고 헤어지고 또 만나는 진부한 사랑의 메커니즘을 다음과 같이 설명하였다.

① 사랑이 시작될 때는 상대를 이상화하고 사랑이라는 이름으로 모든 것을 정당화한다.

↓

② 시간이 지나면서 비판적 시각이 작동하여 애정이 퇴색하고 상대의 변심으로 상처받고 다시는 사랑하지 않겠다고 다짐한다.

↓

③ 그 후 실연의 상처는 치유되고 다시 새로운 사랑으로 옮겨간다.

↓

④ 사랑은 움직이는 것이고 되풀이 되는 것이며 피할 수 없는 것이라는 사실을 깨닫게 된다.

젊은 남녀는 우연한 만남을 운명적 만남으로 생각하고 사랑에 빠진다. 사랑 안에서 행복하고 사랑 때문에 괴로워하며 절망하고 다시 헤어 나오고 또 다시 사랑을 시작한다. 호세 오르테가 이 가세트는 사랑은 움직이는 것이고 되풀이되는 것이며 「왜 나는 너를 사랑하는가」에 대한 해답은 이러한 사랑의 비합리성, 불가해성에서 찾을 수 있다고 했다.

제4절 사랑의 언어
1. 사랑의 언어 - 암호

　알랭 드 보통은 사랑한다는 말 속에는 배신, 권태, 짜증, 무관심이 들어갈 공간이 없기 때문에 오류가 넘치고 감정의 유동성과 변덕스러움을 전달하기가 어렵다고 하였다.
　'사랑한다'는 말은 사랑하지 않는 것을 숨기기 위한 말일 수도 있다.

　한용운은 시에서 "사랑하는 사람 앞에서는 사랑한다는 말을 잘 하지 못한다. 잊어버려야 하겠다는 말은 잊을 수 없다는 말이다."라고 표현하고 있다.

　언어는 일종의 기호이며 사실은 지극히 단순하고 한정된 것만을 표현할 수 있다. 따라서 언어로 사랑을 설명하기는 어려운 일이며 사랑의 말로는 복잡한 심정을 다 나타낼 수 없다. 이 때문에 알랭 드 보통은 "사랑의 말을 보내는 것은 불완전한 송신기로 암호화된 메시지를 보내는 것과 같다."고 하였다. 사랑이라고 말할 수 있는 것은 사랑이 아니다. 하지만 이것을 모를 때는 쉽게 사랑을 말한다.

언어는 일종의 기호이며 지극히 단순하고 한정된 것을 표현할 수 있을 뿐 복잡한 심정을 다 나타낼 수 없다. 따라서 사랑의 말을 보내는 것은 암호를 보내는 것과 같다.

2. 사랑의 언어 - 이심전심

마음으로 통할 수 있는 경지는 때 묻거나 경계, 장애 없이 너와 내가 완전히 통하는 경지, 마음이 하나의 경지를 이룬 상태를 말한다. 맑고 깨끗한 영혼으로 미소만으로도 통하는 사랑 그것은 고차원적 사랑이다.

설법을 마친 석가모니가 꽃 한 송이를 내보이자 대중은 무슨 뜻인지 몰라 어리둥절하였으나 가섭만이 미소를 지었다. 그 모습을 본 석가모니는 기뻐하면서 가섭의 깨달음을 인정하였다. 영취산에 있었던 이 일을 두고 염화시중의 미소 또는 염화미소拈華微笑라고 한다.

그것은 언어로 표현할 수 없는 경지이므로 말로 대답하지 않고 웃음으로 대답하였다는 것이다. 미소로 대답한 경지는 맑고 깨끗한 정신만이 서로 통할 수 있는 이심전심(heart to heart)의 경지이다. 마음으로 통할 수 있는 경지는 때 묻거나 경계, 장애가 있는 마음이 아니라 너와 내가 완전히 통하는 경지, 마음이 하나의 경지를 이룬 상태를 말한다. 말이 없어도 맑고 깨끗한 영혼으로, 미소만으로도 통하는 사랑 그것은 고차원적 사랑이다.

제5절 사랑의 호혜성
1. 사랑과 기대

사랑하는 사이에서는 미안하다는 말은 하며 않는거야.

사람들은 어떤 이해관계나 계산도 포함되지 않는 것을 가장 순수한 사랑, 사랑의 이상으로 생각한다.

Love means never having to say you're sorry.
사랑이란 결코 미안하다는 말을 해서는 안 되는 것이다.

영화 「러브스토리」 중에서

미안함은 상대의 기대에 어긋났다는 생각에서 오는 감정이며 대가의 불균형에서 오는 감정이기 때문에 진정한 사랑은 미안하다고 해서는 안 된다는 것이다. 이러한 사랑은 이상적이고 바람직하기는 하나 천사들끼리의 사랑이라면 몰라도 시간과 공간이라는 제약과 육체적 한계를 안고 살아가야 하는 인간적 생존 조건에서는 지극히 어려운 목표가 될 것이다.

현실에서는 거의 대부분의 인간관계가 이해타산의 논리로 이루어져 있고 특히 남녀사이에는 욕망을 전혀 배제할 수 없기에 한쪽에 무조건적인 헌신을 기대하는 것은 다른 한쪽에 부담이 될 수도 있다. 사랑은 상대의 이해를 기대하고 특별한 감정을 공유하기를 원한다. 사랑하는 연인은 기대를 통해 서로 의사소통하는데, 사랑은 기대로 성립되며 기대는 기쁨을 주고 서로의 의미를 높여 준다. 따라서 현실적 사랑에 있어서는 서로의 기대와 욕망을 충족시키는 상호성이 더 바람직할 수도 있다.

2. 사랑은 둘이 함께 구축하는 세계

알랭 바디우(*Alain Badiou* 1937~)에 의하면 사랑은 '둘의 관점에서 하나의 삶을 구축해 나가는 것으로서 둘에 관한 진리이며 있는 그대로의 차이를 구축하는 경험'이다. 사랑은 단순한 만남이 아니라 '둘의 관점에서 새로운 세계를 구축해 나가는 것'이고 '끈덕지게 이어지는 일종의 모험'이며 '시련을 받아들이고 장애물들을 지속적으로 극복해 나가는 과정'이다.

따라서 사랑의 고통과 위험을 회피하는 것은 실존적인 시詩를 회피하는 것이며 사랑의 모험을 회피하는 것은 인간이 인간다울 수 있는 아름다움을 포기하는 것이라고 한다.

Love does not consist in gazing at each other, but in looking together in the same direction.
사랑은 두 사람이 마주 쳐다보는 것이 아니라 함께 같은 방향을 보는 것이다.

생텍쥐페리

> 사랑은 서로 다른 두 사람이 하나의 새로운 세계를 구축해 나가는 모험이며, 시련과 장애물들을 지속적으로 극복해 나가는 과정이다.

3. 사랑은 거리를 두는 것

에리히 프롬(1900~1980)은 성숙한 사랑은 자신의 개성을 유지하는 상태에 있어서의 합일이며, 각자의 특성을 허용하면서 결합되므로 "사랑은 하나가 되면서 둘로 남아있는 상태여야 한다."고 하였다.

서로 다른 개성은 타인에 대한 지각을 통해 당사자의 자아상과 세계관을 풍부하게 만들어 주어 자기 심리의 제한된 울타리를 벗어나도록 하는 장점이 있다. 상대의 다른 점은 자극과 흥분을 주고 우리는 자신이 갖지 못한 타인의 모습에서 매력을 느낀다. 따라서 개인에게는 결속을 추구하는 일 못지않게 개성을 확보하는 일도 중요하다.

차이를 조화롭게 지켜나가는 것은 각자 매우 중요한 일이며, 사랑을 통한 완전한 합일은 바람직하지도 않고 가능하지도 않은 일이다. 우리는 하나로 존재하지 않으면서 하나를 이룰 수 있고, 결합되지 않으면서 아름답고 조화로운 관계를 구축할 수 있다.

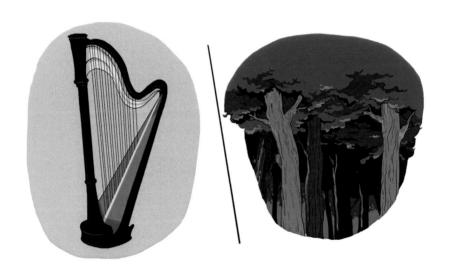

현악기의 줄들은 따로 떨어져 있기에 아름다운 화음을 내고, 나무와 나무 사이에는 간격이 있기 때문에 울창한 숲을 이룰 수 있다. 진정한 사랑은 서로에게 그늘을 드리우지 않고 하늘의 바람이 춤추게 할 공간을 두는 것이며, 사랑하되 사랑으로 서로를 구속하지 않는 것이다.

4. 사랑은 스토리다

사랑은 스스로 선택한 스토리를 가지고 두 사람이 주인공이 되어 찍는 영화다. 연인과 부부의 행동은 스스로 선택한 영화 시나리오를 쫓아간다.

로버트 스턴버그

　사랑은 스스로 선택한 스토리를 가지고 두 사람이 주인공이 되어 찍는 영화다. 미국의 심리학자 로버트 스턴버그는 저서 「사랑은 스토리다」에서 연인과 부부의 행동은 스스로 선택한 영화 시나리오를 쫓아간다고 하였다.

　두 사람이 찍는 영화에서는 장르가 일치되는 것이 가장 중요한데, 화목을 중시하는 연인들은 가족 영화를, 자극과 흥분을 중시하는 사람들은 에로 영화나 모험 영화를 찍을 것이다. 장르가 맞지 않거나 서로 생각하고 있는 시나리오가 다르거나 모험 영화의 제작비가 부족하거나 멋진 곳에서의 둘만의 사랑 영화를 찍을 수 없다면 헤어질 핑곗거리를 찾는다.

　이들은 배역에 빠져있는 동안은 항상 서로에 대해 이야기하므로 권태를 느끼지도 않는다. 이들의 스토리는 감정의 바다와 비용의 산으로 둘러싸여 있다. 이들은 서로의 꿈을 엮어 멋진 스토리를 펼쳐나가기를 소망하면서 해피엔딩을 목표로 앞으로 나아간다.

제6절 에로스
1. 이기적 사랑

에로스는 신체의 아름다움에 대한 사랑이다.

플라톤의 「향연」에서는 술자리에 모인 여섯 명의 사람들이 사랑의 신 에로스를 찬양하는 연설을 한다. 아리스토파네스는 인간은 남자와 여자가 한 몸으로 완벽한 존재였으나 이들이 야망을 가지고 신들은 공격하려고 했기 때문에 제우스가 신들을 보호하기 위하여 이들을 쪼개 분리했다고 하면서, 사랑의 기원을 남자나 여자가 원래의 반쪽을 다시 찾고자 한다는 쌍체 인간의 신화로 설명한다. 아리스토파네스의 에로스는 사랑의 동물적·인간적인 면(육체적 사랑)을 강조한 말이다. 소크라테스는 이들의 말을 종합하여 다음과 같이 설명한다.

에로스는 신체의 아름다움에 대한 사랑으로서 진정한 사랑은 아니다. 그러나 신체의 아름다움을 통해서 수태와 분만이 일어나므로 육체적 사랑도 가치가 있다.

에로스는 풍요의 아버지 포로스와 결핍의 어머니 페니아 사이에서 태어난 중간적 존재로서 에로스에는 지혜와 무지, 풍요와 빈곤이 동시에 존재한다.

에로스는 자손 번식을 통해 육체적 차원의 불멸을 추구하는 것으로 자신의 반쪽만 추구하기 때문에 불완전하다.

풍요로운 아버지 포로스와 결핍의 어머니 페니아 사이에서 태어나 결핍과 풍요 사이를 헤매는 중간자가 되었다는 에로스는 '결핍된 자'이기에 언제나 풍요를 그리워하며 그에 다가가려고 한다. 에로스의 본성은 풍요를 향한 동경과 연모이며 철저하게 상대를 소유하고 그와 하나가 되고자 한다. 그러나 상대의 영혼을 완전히 소유할 수 없기에 항상 허기를 느낄 수밖에 없다. 이 때문에 피치노(M. Ficino, 1433~1499)는 "사랑은 가혹한 괴로움이다.", "사랑하는 사람은 이미 죽어가고 있다."고 설명하였다.

> 사랑은 온 몸으로 퍼지는 편두통
> 이성을 흐리게 하며
> 시야를 가리는 찬란한 얼룩
> 몸이 여위고, 질투를 하고
> 늦은 새벽을 맞이 하는 것
> 예감과 악몽….
>
> 로버트 그레이브스 「사랑의 중세」 중에서

에로스는 질투하는 사랑, 허기진 사랑, 가질 수 없는 것을 가지려는 불가능한 사랑으로 설명된다. 이렇듯 에로스의 사랑에는 아쉬움과 한계가 있다. 플라톤에 의하면 인간은 영혼의 자유를 얻기 위해서 더 높은 차원의 사랑으로 나아가야 한다는 과제를 안게 된다.

에로스는 탐욕적이기에 항상 부족함을 느끼게하고 만족보다는 괴로움을 준다.

3. 사랑은 위장된 소유욕이다

B. 러셀은 지나친 걱정과 불안으로 인한 사랑은 위장된 소유욕인 경우가 많다고 하였다. 그는 사랑은 안정감을 주어 자신감을 갖게 하지만 지나친 걱정은 상대방에게 두려움을 불러일으켜 상대방에 대한 지배권을 획득하는 데 목적이 있다고 하면서, 지배하고 소유하려는 사랑은 반대급부를 기다리는 사랑으로써 불행의 원천이 된다고 하였다.

자신의 신앙을 타인에게도 믿도록 하는 것이 진정한 사랑이라고 믿고 지나친 행동으로 타인에게 괴로움을 주는 경우도 있는데, 이러한 독선은 폭력이 되어 개종을 강요하고, 마녀사냥, 종교재판의 역사적 사례에서 볼 수 있는 것처럼 무고한 생명의 희생과 다른 문화의 파괴를 초래한다. 러셀은 사랑은 관심과 기쁨의 폭을 넓혀주는 것이어야 하며 가장 바람직한 사랑은 생명력을 주고받는 사랑이라고 하였다.

> 지나친 걱정과 불안으로 인한 사랑은 상대에게 두려움을 불러 일으켜 지배권을 획득하려는 데 목적이 있으므로 위장된 소유욕인 경우가 많다.

사랑받는다는 것은 다 타버리는 것, 사라져 가는 것이요
사랑한다는 것은 지속되는 것, 마르지 않은 기름으로
끝없이 빛을 내는 것이다

릴케 「말테의 수기」 중에서

에리히 프롬은 「소유냐 존재냐」에서 "언어의 변천과정에서 소유를 나타내는 동사 'have'는 산업사회로 변모하면서 부쩍 늘어났는데, 소유한다는 것은 구속하고 지배하려는 것으로 생명을 주는 것이 아니라 질식시켜 죽이는 행위로써 현대인의 정신 병리적 집착을 나타낸다."고 하였다. 에리히 프롬은 소유하지 않는 사랑, 향유하는 사랑, 존재 양식으로서의 사랑을 권한다. 사랑을 베푸는 사람들에게는 받아서 채워지는 가슴보다 주어서 비워지는 마음이 더 홀가분하고 기쁜 것이며, 사랑을 받는 것보다 주는 것이 더 자연스럽고 그것이 살아가는 이유, 행복의 원천이 된다.

2. 사랑은 영원을 향해 가는 사다리

에로스(육체적·이기적 사랑)는 분별력과 성숙함을 갖춤으로써 플라토닉 러브(보편적·이타적사랑)의 단계로 나아가게 되고 이로써 영혼의 자유를 얻게 된다.

플라톤의 「향연」에서 소크라테스는 자기의 반쪽만 추구하는 사랑, 신체의 아름다움에 대한 사랑, 육체적 사랑 즉 에로스는 아름다움 속에서 생산하고 분만하여 육체적 차원의 불멸을 추구한다는 점에서 가치가 있기는 하나, 그것은 진정한 사랑이 아니라고 설명한다. 소크라테스는 사랑의 길을 올바르게 걸어온 사람은 아름다운 것을 순서에 따라 연속적으로 관조하게 되므로 올바른 길을 걷는 자는 아름다운 육체를 갖고자 애써야 하고 그 다음에는 영혼의 아름다움을 더 귀한 것으로 평가하게 된다고 했다.

소크라테스에 의하면 사랑은 아름다움의 참실재이고 육체를 떠나 영혼의 고향으로 돌아가는 '죽음을 위한 학습'이다. 플라톤의 철학에 따르면 사랑은 '영원을 향해 가는 사다리'이다. 사다리는 보다 높은 곳으로 이어주는 길을 상징하는데, 소크라테스는 육체적 사랑을 통해서 정신적 사랑으로, 궁극적으로는 보편적 사랑으로 나아가야 한다고 설명한다.

결국 에로스는 분별력과 성숙함을 갖춤으로써 가장 고차원적이고 정신적인 플라토닉 러브(보편적 사랑, 이타적 사랑)의 단계로 나아가야 하고 이로써 순수하고 완전무결한 아름다움의 참실재(이데아, 미의 절대성)에 이르게 되어 영혼의 자유를 얻게 된다는 것이다.

3. 이웃을 사랑하라!

예수는 이웃을 자신처럼 사랑하라고 가르쳤다. 상대에게서 아무것도 원하지 않고 다른 사람의 행복 속에서 나의 행복을 발견하는 것, 모든 것을 다 숨으로써 희생으로 인하여 나를 더욱 값지게 하는 이러한 사랑은 신적 사랑, 충만한 사랑이며 생명력을 부여하고 조화로운 세계를 이루는 길이다.

Thou shalt love thy neighbor as thyself.
자신을 사랑하는 것처럼 네 이웃을 사랑하라.

아가페는 플라토닉 러브의 기본 패턴으로서 상대의 있는 그대로를 향유하고 위하려는 이타적인 사랑으로서, 고린도전서 13장에 나오는 아래와 같은 사도 바울의 말로 표현되고 있다.

사랑은 오래 참고 온유하며
질투와 시기를 하지 아니하며
자랑하거나 교만하지 아니하며
무례히 행하지 아니하며
자기의 유익을 구하지 아니하며
진리와 함께 기뻐하고
모든 것을 참으며 견디느니라.
「고린도전서」 중에서

4. 생명력을 주는 사랑

톨스토이는 사람들이 흔히 사랑이라고 부르며 찬양하는 것은 개인적 행복과 사회적 조건을 향상시키고자 하는 것인데, 이러한 동물적 조건을 획득하기 위한 사랑은 투쟁을 격화시키고 향락을 갈망하기 때문에 이러한 감정을 확산시키고 정당화한다면 사람들은 흉악하고 무서운 동물이 될 것이며 죄악이 그치지 않을 것이라고 하였다. 그에 의하면 참된 사랑은 생명 그 자체이며, 아이에게 젖을 먹여 기르는 어머니의 사랑과 같이 자기를 희생하는 참된 사랑에 의해 세상이 유지된다.

사랑은 식물에 있어서 햇빛과 같은 것이다. 생명체가 살아가는데 햇빛이 전부가 아니지만, 햇빛이 없으면 식물은 살아갈 수 없다. 사랑도 인생의 전부는 아니다. 그러나 사랑이 없으면 전부 아무것도 아니다. 따라서 사랑은 생명 그 자체이며 진정한 사랑은 생명력을 주는 사랑이다.

사랑이 없다면 고귀한 영혼은 사라지고 육체만이
남은 목숨을 부지하여 나가는 살아있는 묘지와 같다.   셸리

사랑은 식물에 있어서 햇빛과 같은 것이다. 아이에게 젖을 먹여 기르는 어머니의 사랑과 같이 자기를 희생하는 참된 사랑에 의해 세상이 유지된다.

Every man lives not by care for himself but by love.
사람들은 자기를 돌봄으로써 살아가는 것이 아니라 사랑으로 살아간다.

톨스토이는 「사람은 무엇으로 사는가」에서 하느님의 명령을 거역하여 추방된 천사 미하일의 이야기를 통하여 '사람은 사랑으로 살아간다'는 진리를 깨우쳐 주었다. 천사 미하일은 어린 아이들이 가엾다는 생각이 들어서 아이들의 죽은 엄마의 영혼을 데려오라는 하느님의 말을 거역한 죄로 인간 세상으로 쫓겨 났다. 하느님은 미하일에게 사람은 무엇으로 사는가에 대한 답을 알면 다시 하늘나라로 올 수 있다고 하였다.

미하일은 남의 아이들을 키우는 부인을 만났는데, 그 부인은 친엄마 대신 아이들을 사랑으로 키우고 있었다. 그때 비로소 미하일은 아이들이 친엄마가 없어도 하느님의 사랑으로 살아갈 수 있다는 것을 깨달았고 사람은 무엇으로 사는가를 알게 되었다. 미하일은 "사랑으로 살아가는 사람은 하느님 안에 사는 사람이며 하느님은 그 사람 안에 계십니다. 하느님은 곧 사랑이기 때문입니다."라고 말하고선 날개를 펼친 후 하늘로 올라갔다.

제8절 질투

1. 질투의 심리학

진화 심리학자들은 질투는 진화 과정에서 형성된 감정으로서 생존경쟁과 적자생존의 심리가 작용하여 방어적 메커니즘의 역할을 하는 것이라고 설명한다.

근사하게 차려입은 여성이 객차 안을 지나가고 있다면 다른 여성들은 그 여성을 적의에 찬 시선으로 쏘아보며 그녀의 품위를 깎아내릴 구실을 찾으려고 하는 것을 볼 수 있을 것이다.

러셀「행복의 정복」중에서

인간의 심리를 진화의 과정에서 이해하고자 하는 진화 심리학자들은 질투는 진화 과정에서 형성된 감정으로서 생존경쟁과 적자생존의 심리가 작용하여 방어적 메커니즘의 역할을 하는 것이라고 설명한다.

진화 심리학자들은 상대를 소유하고자 하는 욕망이 성적 욕구에서 마음과 영혼을 소유하려는 것으로 발전되고 그토록 집요한 소유욕의 바탕에는 불안감이 있다고 하면서 그 불안에서 벗어나기 위하여 소유를 탐하게 된다고 한다. 결국 질투는 불안감으로 인해 나타나는 불편한 감정이며, 가치를 부여하는 관계나 지위에 대한 위협이 감지되었을 때 그 위험에 대처행위를 유도하는 상태라는 것이다.

2. 질투와 시기

실투의 어원은 라틴어 zelosus, 그리스어 zelos로서 오늘날 영어의 jealousy에 해당하고 '열정, 강한 욕망'을 의미한다. 시기의 어원은 라틴어 invidero로서 오늘날 영어의 envy에 해당하는데 이는 악의를 가지고 바라본다는 뜻이다. 따라서 질투(jealousy)는 자신이 이미 소유한 것을 경쟁자에게 빼앗길지 모른다는 두려움에서 오는 불편한 감정이며 시기(envy)는 자신이 갖지 못한 것을 가진 사람에 대하여 느끼는 불편한 감정이다. 그러나 자신이 가진 것을 빼앗기지 않으려는 마음이나 다른 사람의 것을 욕심내는 마음은 모두 탐욕적이라는 공통점을 가진다.

> 질투는 자신이 소유한 것을 경쟁자에게 빼앗길지 모른다는 두려움에서 오는 불편한 감정이며 시기는 자신이 갖지 못한 것을 가진 사람에 대하여 느끼는 불편한 감정이다. 질투와 시기는 모두 탐욕적이라는 데 그 공통점이 있다.

3. 초록눈의 괴물

질투는 사람의 마음을 잡아서 농락하는 초록눈의 괴물이다.
셰익스피어

셰익스피어의 「오델로」는 고결한 한 인간이 사소한 원인에서 시작된 질투로 말미암아 영혼이 분열되면서 파멸하는 과정을 그림으로써 인간의 지성과 선善이라는 것이 얼마나 허약한 것인가를 잘 보여주는 작품이다.

이아고는 자신이 원하던 부관 자리를 캐시오에게 준 오델로에게 불만을 품고 경쟁자인 캐시오와 데스데모나의 불륜을 조작한다. 먼저 이아고는 캐시오에게 술을 먹여 실수로 부관 자리에서 쫓겨나게 한 다음 데스데모나에게 복직을 부탁하게 하고 오델로에게 데스데모나가 복직을 부탁하는 것은 둘이 서로 사랑하기 때문이라고 말한다. 또 오델로가 데스데모나에게 준 손수건으로 캐시오가 턱수염을 닦고 있었다느니, 캐시오가 데스데모나를 사랑한다는 잠꼬대를 했다는 등의 거짓말로 오델로를 동요시키고 "여자의 정조라는 것은 눈에 보이지 않는다."는 등의 말로 오델로를 질투심에 불타게 만든다. 이 때문에 오델로는 목숨보다 사랑하는 사람을 사랑때문에 살해하는 잘못을 저지른다.

오델로의 질투는 '사람의 마음을 사로잡아 농락하는 초록눈의 괴물'이며 '공기 같은 가벼운 것도 성서만큼 강력한 증거'로 만들어 파멸을 초래하였다. 질투심으로 유발된 오델로의 행동은 데스데모나를 완전하게 소유하고자 하는 본성에서 나온 것으로 아가페의 관점에서 본다면 그것은 사랑이 아니라 이기적 소유욕의 일종에 지나지 않는다.

해리 할로의 붉은 털 원숭이에 대한 대리모 실험

우유병이 달려있는 철사 대리모와 부드럽고 따뜻한 헝겊 대리모를 이용한 실험에서 원숭이들은 배가 고플 때만 잠깐 철사 대리모에 다가가 우유만 빨아먹고 헝겊 대리모에서 떨어지지 않으려고 하였다. 이 실험결과는 새끼들이 배부름보다는 안락하고 따뜻한 느낌을 더 좋아한다는 것을 보여준다.

레네 스피츠의 육아시설 비교 실험

청결과 위생, 영양이 충분히 보장되는 기아 보호소와 위생과 영양 등 상태가 열악하지만 엄마와 접촉할 수 있는 교도소 내 탁아소에서의 양육상태에 대한 비교연구에서 환경이 좋은 기아 보호소 아이들의 20~30%가 첫 해를 넘기지 못하고 사망한 반면, 교도소내 육아시설의 아이들은 단 한 명도 목숨을 잃지 않았다. 이 실험 결과는 인간적 접촉이나 애정으로부터 격리된 환경이 감염과 싸우는 아이의 능력을 파괴한다는 것을 보여 주었다. 사랑받지 못한 아이들은 면역력이 떨어져 쉽게 목숨을 잃거나 타인과의 관계 형성이 어려우며 지능도 떨어지게 된다. 사랑은 아이를 생존하게 하는 힘이며 아이의 생존에 매우 중요한 역할을 한다.

> 새끼들은 배부름보다는 안락하고 따뜻한 느낌을 더 좋아한다.

2. 사랑의 중요성②

 아이에게는 사랑이 무엇보다 중요하며 따뜻하게 안아주고 달래주는 것이 필요하다. 쓰다듬어 주는 자극은 아이의 신체 발달에 필요한 성장 호르몬이 분비되게 하며, 흔드는 자극은 예측 불가능성을 주어 스트레스 상황에 잘 대처할 수 있는 힘을 준다. 아이는 접촉을 통해 애착관계가 형성되어야 정상적인 발달과정을 거치며 건전한 고리를 엮어 나갈 수 있다.
 초기 애착관계 형성에 가장 중요한 역할을 하는 것은 전적으로 신뢰할 수 있는 대상인 엄마다. 애착관계가 제대로 형성되어 사랑을 받고 자란 아이는 자신에 대한 존중감을 갖게 되며 세상일에도 적극성을 보인다. 또 타인과 관계 맺기를 두려워하지 않는 자신감 있는 어른으로 자라게 된다.

> 아이를 쓰다듬어 주는 자극은 신체 발달에 필요한 성장 호르몬이 분비되게 한다. 아이는 접촉을 통해 애착관계가 형성되야 자신에 대한 존중감을 갖게 되고 타인과 관계를 잘 맺게 되며 자신감 있는 어른으로 자라게 된다.

문득 그대를 생각하면 나는
천국의 문 앞에서 노래부르는 종달새
내 운명 제왕과도 바꾸지 아니하리라.

셰익스피어 「소네트20」 중에서

누군가를 사랑할 때 가슴은 희망과 기쁨으로 채워진다.

To love is to receive a glimpse of heaven.
사랑하는 것은 천국을 살짝 엿보는 것이다.

사랑은 우리의 행동에 동기와 의미를 부여함으로써 힘든 일상을 견뎌낼 수 있게
하고 우리에게 살아갈 수 있는 힘과 열정을 준다. 사랑을 하기 때문에 꿈꿀 수 있고
삶의 의욕이 샘솟는다. 사랑은 그 자체가 무한한 기쁨을 빚어내며, 쾌락을 증폭시키
는 마법을 가지고 있다.

4. 사랑을 잃은 마음

사랑을 잃게 되면 삶의 방향과 목적, 감각을 잃어버리게 되고 장님이 되어 더듬거리며 빈 집에 갇혀 있는 것과 같은 고독하고 절망적인 신세가 된다.

관심과 열정, 에너지를 집중했던 사랑의 대상이 없어지면 방향과 목적을 잃어버린 삶의 에너지는 흩어져 버린다. 사랑을 잃게 되면 감각을 잃고 장님이 되어 더듬거리며 주인없는 빈 집에 갇혀 있는 것과 같은 고독하고 절망적인 신세가 된다.

사랑을 잃고 나는 쓰네
잘 있거라, 짧았던 밤들아
… 공포를 기다리던 흰 종이들아
망설임을 대신하던 눈물들아
… 더 이상 내 것이 아닌 열망들아
장님처럼 나 이제 더듬거리며 문을 잠그네
가엾은 내 사랑 빈 집에 갇혔네

기형도 「빈 집」 중에서

164

5. 사랑에 올인하라!

　사랑은 그 자체가 무한한 기쁨을 빚어낸다. 사랑은 상대를 존중하고 다른 사람의 입장에서 생각함으로써 서로를 분리시키는 벽을 허물어 고독에서 빗이니게 한다. 사랑은 걱정과 고통을 덜어주고 평화와 안식, 생명을 준다. 사랑은 창조의 원동력이며 인생에 마법을 걸어 살아갈 열정을 준다. 사랑의 가치는 무한하다. 해가 지면 세상의 빛이 사라지듯, 사랑이 끝나면 삶의 빛줄기는 꺼져버린다. 살아간다는 것은 사랑하는 것을 배우는 과정이며 사랑은 자아의 군은 껍질을 깨뜨리고 진정한 나를 찾아 신에 이르는 길이니 사랑에 모든 것을 걸어야 한다.

　그대가 진정 인간이라면
　사랑에 모든 것을 걸어라
　아니거든, 이 무리를 떠나라

　　　　　잘랄루딘 루미(아프가니스탄 출생의 이란 시인, 1207~1273)

사랑이 없다면
인간의 무리를
떠나라.

사랑은 고독에서 벗어나게 하고 평화와 안식, 생명을 준다. 사랑은 창조의 원동력이며 인생을 살아갈 열정을 준다.

165

제10절 현대인의 사랑
1. 눈으로 하는 사랑

아름다움이 평가의 기준이 되는 분위기에서 타인의 시선은 테러가 되어 압박을 가하고 사랑 시장에서 상대의 마음을 얻고 가치를 인정받기 위해 사람들은 미용, 운동, 다이어트, 성형 등 온갖 방법으로 충동구매를 한다. 쉽게 버릴 수 있는 물건처럼 사랑의 지속기간은 짧아지고 열정과 낭만, 긴장과 설렘은 줄어들었다.

사람의 이미지는 실제 모습과 다르다. 이미지는 실재가 아니라 가상의 실재 또는 표면적 실재이지만, 더 진짜처럼 느껴지며 현실을 압도한다. 가짜가 더 진짜같은 세상, 가상현실이 지배하는 세상, 이미지를 소비하는 사회에 살고 있는 우리는 이미지 관리에 각별히 신경을 쓴다. 우리가 보고있는 것은 실재가 아니라 만들어진 이미지일 수도 있으므로 이미지의 가상성을 파악하고 이미지에 매몰되지 않도록 해야 한다.

헛된 사랑은 눈에서 생겨난다. 그것은 바라보는 눈초리를 먹고 자라나 금세 그 요람에서 죽어버린다. - 셰익스피어 「베니스의 상인」

속도문명의 시대, 쉽게 버릴 수 있는 물건처럼 사랑의 지속시간은 짧아지고 열정과 낭만, 긴장과 설렘은 줄어들었다. 가짜가 더 진짜같은 세상, 오늘도 사람들은 좋은 이미지를 유지하기 위해 미용, 운동, 다이어트, 성형 등 온갖 방법을 동원하고 있다.

속도가 경쟁력인 시대, 모든 것이 대량생산되고 컴퓨터와 인터넷을 통해 연결되는 세상에서는 사랑의 방식도 변한다. 인간들끼리 살을 맞대고 어울릴 수 있는 기회는 축소되고 현대인의 삶은 즉석적으로 변하였다. 인간의 삶을 구성하는 모든 것들이 상품화되고 사랑마저 소비 대상이 된 세상. 사람들은 쉽게 만나고 쉽게 헤어지는 가벼운 인간관계, 일회적 만남, 돈을 내고 편하게 접속하는 것, 서로 부담을 주지 않는 쿨한 사랑을 원한다. 오늘날 인연은 하늘이 맺어 주는 것이 아니라 컴퓨터가 맺어 주기 때문에 시간과 정성을 들이지 않고도 빠른 시간에 파트너를 찾을 수 있다.

현대의 연인들에게는 스피드와 광란, 욕정이 있고 그들은 사랑을 소비한다. 접속의 시대, 인간관계가 상품화되고 사랑도 돈을 내고 필요할 때만 접속할 수 있는 상품이 되는 사회. 돈만 내면 유희와 환상, 강렬하고 유쾌한 경험을 얼마든지 맛볼 수 있는 사회에서는 한 가정을 이루어 밤낮으로 마주치며 사는 것보다 서로 독립적인 시공간을 가지고 살면서 필요할 때만 접속하는 '따로 또 같이' 형태로 사랑을 선택하는 사람들이 늘어날 것이라는 전망이 있다.

3. 사랑은 소비상품

사랑은 오늘날 인기있는 소비재로서 사랑을 상품화한 사례는 많다. 하트 모양의 초콜렛, 성적 매력을 발산하는 향수, 화이트 데이의 사탕, 애인대행, 결혼정보업체, 필러 주사, 리프팅, 성형, 비아그라….

자본주의 사회는 끊임없이 욕망을 자극하고 모방과 충동을 부추긴다. 사랑의 감정도 이제는 시장의 문화 형식과 언어를 받아들인다. 사랑은 오늘날 인기있는 소비재로서 사랑을 소재로 한 책, 하트 모양의 초콜렛, 성적 매력을 발산하는 향수도 인기리에 팔려 나간다. 발렌타인 데이의 초콜렛, 화이트 데이의 사탕, 애인대행 등 사랑을 상품화한 사례는 수없이 많다.

결혼정보업체나 만남 알선 사이트는 조건이 맞는 위험 없는 사랑, 고통 없는 사랑, 정성으로 시간을 낭비하지 않는 사랑, 소비의 달콤한 쾌락을 누리는 편리한 사랑을 찾으라고 유혹하고 TV와 잡지, 광고는 매력있는 사람이 되어 사랑을 잡으라고 하면서 화장품, 옷, 패션 용품의 소비를 촉구한다. 아름다움이 매력의 척도가 되는 이러한 분위기는 압박을 가하고 사람들은 동안 만들기, 지방 분해, 필러 주사, 리프팅, 성형 등으로 젊고 매력적인 모습으로 보이려고 애쓴다. 제약회사는 새로운 발기부전 치료제나 흥분제를 개발한다.

1. 사랑은 진화의 수수께끼

Love is the wisdom of the fool and folly of the wise.

사랑은 바보의 지혜이며 현인의 어리석음이다. -사무엘 존슨

사랑은 이성적으로 설명할 수 없는 무수한 비논리와 모순으로 가득 차 있다.

Love is close to creative activity.

사랑은 창작행위에 가깝다.

인간의 사랑은 동물적 본능을 훨씬 넘어서는 것으로 본능이라기보다 문화적 행위이며 창작행위에 가깝다.

Love is something you have to make and you must use your imagination to make it.

사랑은 직접 만들어 내야하며 상상을 동원해서 만들어야 한다.

사랑은 인간의 독특한 생활양식이자 문화로써 창의력과 상상력을 필요로 한다.

Love is the triumph of imagination over intelligence.

사랑은 지성에 대한 상상력의 승리이다.

사랑은 의지나 이성보다는 이끌림에 의해 좌우되며 지적 활동이라기 보다 감정적 활동에 가깝다. 인간 사회의 발전은 이성과 의지의 작용에 힘입은 바가 크다. 그러나 따뜻한 감성과 비현실적 상상력이 인간을 더 행복하게 한다.

Love is an ocean of emotions, entirely sorrounded by expenses.

사랑은 감정의 바다이며, 온통 교제비로 둘러싸여 있다.

사랑은 의지와 관계없는 감정적 활동이며 장르에 맞는 두 사람이 만나 서로의 스토리를 만들어 나가기 위해 끊임없이 교제비를 써야하는 활동이다.

2. 사랑은 특별한 이끌림

Love starts from the eyes.

사랑은 눈으로부터 시작된다.

Love sees no fault.

사랑하면 단점이 안 보인다.

사랑이 시작될 때는 끌림이 모든 것을 덮어준다.

Love prefers twilight to daylight.

사랑은 밝은 햇빛보다 어스름 빛을 좋아한다.

끌림이 모든 것을 덮어줄 때 사랑이 시작된다. 그러나 시간이 지나면서 명철한 이성과 비판적 시각이 작동하게 되면서 애정이 퇴색된다.

I saw you and the world went away.

너를 보는 순간 세계는 어디론가 사라지고 말았지.

To love makes the eye blind, the ear deaf.

사랑하는 것은 눈과 귀를 멀게 한다.

사랑이 시작될 때는 끌림이 모든 것을 덮어 주어 눈과 귀를 멀게 하고 상대의 단점을 보지 못하게 된다.

To be in love is to be in a state of anaesthesia.

사랑을 한다는 것은 마취되어 있는 상태이다.

Love passes all understanding.

사랑은 머리로 안 된다.

사랑은 이성적이라기보다는 감정적 활동에 가까우며 이성적이고 지혜로운 남자가 똑똑한 여자와 사랑에 빠지는 것은 아니다.

In romance, one always begins by deceiving oneself, and one always ends by deceiving others.

로맨스는 스스로 속이는 것에서 시작하여 타인을 기망하는 것으로 끝난다.

정열은 정상적인 판단을 저해하고 객관적 판단을 어렵게 하여 상대를 있는 그대로 보지 않고 미화, 이상화한다. 우리는 정열의 대상 대신에 자신의 이상 또는 정열이라는 뜨거운 감정 자체를 사랑했을 수도 있다.

Love is two hearts that throb as one.

사랑은 하나처럼 고동치는 두 개의 심장.

Love is a metaphysical gravity.

사랑은 형이상학적 인력이다.

사랑은 어떤 대상에 대한 인간 정신의 특별한 이끌림이다.

True love does not measure; it just gives.

진정한 사랑은 재지 않는다.
단지 줄 뿐이다.

Love grows by giving.

사랑은 줌으로써 커진다.

3. 사랑의 맹세

Lovers are always lavish of oaths.

연인들의 맹세는 아끼지 않는다.

All lovers swear more performance than they are able.

모든 연인들은 그들이 할 수 있는 이상을 맹세한다.

A pledge burns up like flame, but vanishes in the blink of an eye.

맹세는 불길처럼 활활 타오르다가 금세 사라진다.

인간은 자유의지를 가지고 있기 때문에 마음을 한 곳에 매어둘 수가 없다. 우리의 육체와 의식은 늘 변하고 있고 지나고 보면 모든 것이 지나가는 한 때의 감정인 경우도 많다. 감정은 약속할 수 없다. 맹세는 감정을 약속한 것이므로 지키기 어렵다.

Oaths are but words, and words but wind.

맹세는 말에 지나지 않고, 말은 바람에 지나지 않는다. -사무엘 버틀러

4. 사랑의 열정은 식는다

As years go by passion wane.

세월이 흐름에 따라 정열은 시들해진다.

Passion is the quickest to develop, and quickest to fade.

열정은 가장 빨리 달아오르고 가장 빨리 식어버린다.

정열적 사랑은 강렬하지만, 평범한 일상의 권태를 이겨내기 어렵다.

Love is like soup. The first mouthful is very hot, and the ones that follow become gradually cooler.

사랑은 수프와 같다. 처음 한입은 뜨겁지만 곧 식는다.

-영화 「Love me forever」 중에서

Familiarity rarely wins admiration.

익숙함은 감탄을 능가하지 못한다.

익숙함은 낭만의 적이다. 익숙함으로 인해 짜릿한 자극은 사라지고 두 사람만의 세계는 몰락하게 된다. 그러나 익숙함은 신뢰와 안정감을 준다.

Marriage is a book of which the first chapter is written in poetry and remaining chapters in prose.

결혼은 첫 장은 시가로 쓰여 졌다가 나머지는 무미건조한 산문으로 되어있는 책이다.

5. 사랑은 움직이는 것

Love begins with a smile, grows with a kiss, and ends with a teardrop.

사랑은 미소와 함께 시작되고 키스와 함께 자라나고 눈물과 함께 끝이 난다.

There is not possibly absolute choice in love.

사랑에 있어서는 절대적 선택을 받는 것이 불가능하다.

사랑은 타인의 자유를 인정하는 것을 전제로 하는데, 인간은 자유의지로 자신의 행동과 삶의 방식을 스스로 결정하여 나가는 존재이므로 그 선택은 언제든지 철회될 수 있다. 내가 어떤 조건에 처하더라도 절대적으로 나만을 선택해야 하는 일은 자유를 가진 인간 에게는 허락되지 않는다.

When you are in love, you forget about first love.

사랑에 빠졌을 때는 첫사랑을 잊게 된다.

Love moves on, repeats, and is inevitable.

사랑은 움직이는 것이고 되풀이되는 것이며 피할 수 없는 것이다.

사랑의 메커니즘
사랑이 시작될 때는 상대를 이상화하고 사랑이라는 이름으로 모든 것을 정당화한다. →
상대의 변심으로 상처받고 다시는 사랑하지 않겠다고 다짐한다. → 실연의 상처는 치유
되고 새로운 사랑으로 옮겨간다. → 사랑은 움직이는 것이고 피할 수 없는 것이라는 사
실을 깨닫게 된다.

**Next to the pleasure of making a new mistress is that of being
rid of old one.**

새로운 애인을 얻는 기쁨과 버금가는 것은 오래된 정부情婦로부터 벗어나는 것이다.

-영화 「Sweet love, bitter」 중에서

Women want to be a man's last romance.

여자는 남자의 마지막 로맨스 상대가 되기를 바란다.

6. 에로스

**Love is like a beggar who still begs when one has given him
everything.**

사랑은 한 사람이 그에게 모든 것을 다 주어도 여전히 구걸하는 거지와 같다.

에로스는 풍요로운 아버지와 결핍의 어머니 사이에서 태어나 '결핍된 자'이기에 언제나
풍요를 그리워하고 소유하려 한다. 그러나 상대의 영혼을 완전히 소유할 수 없기에 항상
허기를 느낄 수밖에 없다.

Love is a reciprocal torture.

사랑은 상호 간의 고문이다.

에로스의 본성은 풍요를 향한 동경과 연모이며 철저하게 상대를 소유하고 그와 하나가 되고자 한다. 그러나 상대의 영혼을 완전히 소유하는 것은 불가능하므로 끝없는 갈증과 허기에 시달린다. 따라서 사랑은 가혹한 괴로움이다.

Love plus obesession equals pain.

사랑에 집착을 더하면 고통과 같다.

상대의 있는 그대로를 누리지 않고 가질 수 없는 것을 소유하려는 집착은 괴로움만 안 겨줄 뿐이다.

Mastery is the worst slavery of all.

누군가를 지배하려는 것은 최악의 예속이다.

상대의 영혼을 소유할 수는 없다. 있는 그대로를 존중하고 바라보지 않고 지배하려는 것은 스스로를 감옥에 가둬 두고 고문하는 것과 같다.

Love is an obsequious intercource between tyrants and slaves.

사랑은 폭군과 노예 사이의 비굴한 교섭

Immature love says I love you because I need you.

미숙한 사랑은 필요해서 사랑한다고 말한다.

인간의 욕망은 무한하다. 자신의 필요와 욕구를 충족시키기 위한 사랑은 괴로움을 초래할 수밖에 없으므로 영혼의 자유를 얻기 위해서는 좀 더 고차원적 사랑으로 나아가야 한다.

Love is an egoism of two.

사랑이란 두 사람의 이기심이다.

Selfish love makes christmas not a delight but a burden.

이기적 사랑은 크리스마스를 기쁨이 아니라 부담감으로 만든다.

Love may be the possessive desire in disguise.

사랑은 위장된 소유욕일 수도 있다.

지나친 걱정과 불안을 담고 있는 사랑은 상대방에게 두려움과 의존심을 불러일으켜 상대방에 대한 지배권을 획득하는 데 목적이 있을 수도 있다.

Love ceases to be a demon only when it ceases to be a god.

사랑은 그것이 신이기를 그칠 때에만 악마이기를 그친다.

상대의 완전무결함을 추구하고 완벽한 상대를 만들어 소유하고자 한다면 그는 악마로 변할 수 있다.

Love is a trap. we see only its light, not its shadows.

사랑은 덫이다. 우리는 그 빛만 볼 뿐, 그림자들은 보지 않는다.

Time is an enemy of passion.

시간은 정열의 적이다.

7. 아가페

Love is a ladder leading to eternity.

사랑은 영원을 향해 가는 사다리이다.

플라톤에 의하면 진실한 사랑은 에로스의 차원을 넘어 보편적·이타적 성격을 띠게 되고 이로써 이데아의 세계에 도달하여 영혼의 자유를 얻게 된다.

Real love is a permanently self-enlarging experience.

진정한 사랑은 영원히 자신을 성장시키는 경험이다.

에로스는 분별력과 성숙함을 갖춤으로써 플라토닉 러브(정신적 사랑, 보편적 · 이타적 사랑)로 나아가게 되고 이기심(ego)의 굳은 껍질을 깨뜨림으로써 의식의 진화를 이룰 수 있게 된다.

Love means to commit yourself without guarantee.

사랑은 보장없이 자신을 헌신하는 것을 말한다.

Love means never having to say you're sorry.

사랑이란 결코 미안하다는 말을 해서는 안 되는 것이다.

진정한 사랑은 상대에 대한 기대나 대가 관계가 전제되지 않는 것인데, 미안함은 상대의 기대에 어긋났다는 생각에서 오는 감정이며 대가의 불균형에서 오는 감정이기 때문에 미안하다고 해서는 안 된다는 것이다.

True love means love that gives life force.

진정한 사랑은 생명력을 주는 사랑이다.

All men live not by the thought they spend on their own wel-
fare, but because love exists in man.

모든 사람은 자신을 보살피려는 마음으로 살아가는 것이 아니라 그 안에 있는 사랑으
로 살아간다.

He who dwellth in love dwelleth in God, and God in him.

사랑 속에 사는 자는 신 안에 사는 것이며 신은 그 사람 안에 있다.

살아간다는 것은 사랑하는 것을 배워나가는 과정이며, 사랑을 배우고 실천함으로써 자
아의 껍질을 벗게 되고 신성이 깃들게 된다. 따라서 사랑은 신에 이르는 길이다.

Thou shalt love thy neighbor as thyself.

자신을 사랑하는 것처럼 이웃을 사랑하라.

8. 질투, 시기

Jealousy slays love under the pretence of keeping it alive.

질투는 사랑을 살린다는 구실로 죽인다.

In jealousy there is more of self-love, than of love to another.

질투에는 타인에 대한 사랑보다 자기애가 가득하다.

The envious man trying to find their delight in another's
misfortune.

시기심 많은 사람은 다른 사람들의 불행 속에서 기쁨을 찾으려고 한다.

The envious man grows lean when his neighbor waxes fat.

시기심 많은 사람은 이웃사람들이 살찔 때 마른다.

Jealousy injures yourself more than others.

질투는 남보다 자신에게 더 상처를 준다.

Jealousy is the green-eyed monster which does mock the meat it feed on.

질투는 사람의 마음을 사로잡아 잡아먹고 농락하는 초록눈의 괴물이다.

Othello's jealousy is nothing but selfish desire to completely possess Desdemona.

오델로의 질투는 데스데모나를 완전히 소유하고자 하는 이기적 욕구에 지나지 않는다.

9. 사랑의 호혜성

Love does not consist in gazing at each other, but in looking together in the same direction.

사랑은 두 사람이 마주보는 것이 아니라 같은 방향을 바라보는 것이다. -생 텍쥐페리

We are each of us angels with only one wing, and we can only fly by embracing one another.

우리는 각자 하나의 날개만 가진 천사들이며, 서로 껴안음으로써 날 수 있다.

True love and freedom go together.

진정한 사랑과 자유는 서로 조화를 이룬다.

10. 사랑의 가치

Love covers up the noise of hate.

사랑은 증오의 소음을 덮어 버린다.

Hatred is ended by love.

증오는 사랑으로 종식된다.

Love frees us all the weight and pain of life.

사랑은 삶의 모든 무게와 고통에서 우리를 해방시킨다.

To love is to receive a glimpse of heaven.

사랑하는 것은 천국을 살짝 엿보는 것이다.

As the touch of love, everyone becomes a poet.

사랑의 손길이 닿으면 우리 모두는 시인이 된다.

When one is in love, a cliff becomes a meadow.

사랑에 빠지면 절벽이 초원이 된다.

Little words of love make earth happy.

사랑의 말 한마디가 지상을 행복하게 만든다.

When first we fall in love, we feel that we know all there is to
know about life.

우리가 사랑에 빠지면, 삶에 대해 알아야 할 모든 것들을 안다고 느낀다.

살아간다는 것은 사랑하는 것을 배우는 과정이다. 사랑은 이기심의 굳은 껍질을 깨뜨리고 삶의 목적인 의식의 진화를 이룰 수 있게 한다. 따라서 사랑에 빠지면 삶에 대하여 알아야 할 모든 것들을 안다고 느낀다.

Love is the only sane and satisfactory answer to the problem of human existence.

사랑은 인간 존재의 문제에 대한 유일한 분별있고 만족스런 답변이다.

The birthday of my life is come, my love is come to me.

이제야 내 삶이 시작되었다. 내게 사랑이 찾아왔으니까 – 크리스티나 로제티

What a mother sings to the cradle goes all the way down to the coffin.

어머니가 요람에서 불러준 노래는 관까지 쭉 간다.

Where love reigns the impossible may be attained.

사랑이 지배하는 곳에서는 불가능한 일이 성취될지 모른다.

The pledge between lovers is never believed by anyone but themselves at that time.

연인들의 맹세는
당시의 그들 이외에는 아무도 믿지 않는다.

Love is endless energy towards
the beloved person and
continuous flow in order to be one
with him(her).

사랑은 사랑하는 대상을 향한 끊임없는
에너지이며 그(그녀)와 하나가 되려는
지속적인 흐름이다.

Love is a complicating and chaotic feeling that is difficult to describe.

사랑은 언어로 표현하기 어려운 복잡하고 무질서한 감정이다.

사랑은 잘 정돈된 감정이 아니라 다양한 심상의 집합이며, 언어로 표현하기 어려운 복잡하고 무질서한 감정이다(애정+우정+애국심+인류애+자비…).

One's first love is always perfect until one meets one's second love.

두 번째 사랑을 만나기 전까지 첫사랑은 완벽하다.

Envy shoots at others but wounds oneself.

질투는 다른 사람을 쏘지만 자신을
상하게 한다.

A loving person lives in a loving world.

사랑이 많은 사람은 사랑이 많은 세상에 산다.

Mature love is union under the condition of preserving one's integrity, one's individuality.

성숙한 사랑은 각자의 온전함과 개성을
유지하는 상태에서의 합일이다.

에리히 프롬

4

정 의

제4장 정의

제1절 복수와 정의

1. 복수의 열매

복수는 거듭된 보복으로 이어지고 더욱 잔인한 방법으로 되돌아 온다. 복수는 달콤하다. 그러나 그것이 되돌아올 때는 한층 더 쓰다.

사람들은 억울한 일을 당한 경우 이를 되갚아 주거나 배신자를 응징할 때 후련함을 느끼게 된다. 복수는 인간의 기본적 욕망이며 복수를 통하여 인간은 쾌감을 느끼고 자존심을 되찾고 감정적 위로를 받는다. 복수는 소규모 집단 특히 혈족 집단 내에서 소속감을 심어주고 강화하며, 진한 애정을 표현하는 방법이 되기도 한다. 사랑은 복수에 불을 지피고, 복수는 사랑에 불을 지핀다.

프랜시스 베이컨이 "복수는 야생의 정의다."라고 했듯이 복수는 일반인의 감정에 가장 부합하는 정의의 실현 방법이다. 해악을 되갚아 줄 때 인간은 쾌감을 느끼게 되므로 복수는 달콤하다. 그러나 복수는 거듭된 보복으로 이어지며, 더욱 잔인한 방법으로 되돌아온다. 이 때문에 밀턴은 "처음에는 복수가 달콤한 것 같아도 그것이 되돌아 올 때는 한 층 더 쓰다."고 하였다.

세익스피어의 비극 「티투스 안드로니쿠스」에 나오는 로마 장군 티투스(*Titus*)는 고 드족과의 전쟁에서 승리한 후, 죽은 동포들의 넋을 달래기 위해 고트족(Goths)의 왕 자 알라버스를 신에게 제물로 바쳤다. 로마 황제 사투르나이우스가 고트족과의 융 화를 위해 고트족의 여인 태모라를 왕비로 맞아들이게 되자 태모라는 피의 복수를 맹세한다. 태모라의 복수로 티투스의 아들은 살해되고 딸 라비니아는 강간당한 후 팔다리, 혀가 절단된다. 그 후 이에 대한 보복으로 다시 고트족의 왕자도 살해당하 고 태모라는 살해된 두 아들의 머리 고기로 구운 파이를 먹은 후 살해된다.

이처럼 복수는 거듭된 보복으로 이어지고 복수의 순환고리가 형성되면 사회는 제 어할 수 없는 혼란에 빠지게 된다. 복수는 갈등을 잠재우지 못한다. 복수로 인한 폭 력의 반복과 교환을 단절시키기 위한 현실적 해결책은 처벌 권한을 국가가 독점하 여 법치주의를 확립하는 수밖에 없다. 법치주의만이 복수의 마력을 제압할 수 있다.

> 복수의 순환고리를 단절시키기 위해 서는 법치주의를 확립하는 수밖에 없 다. 법치주의만이 복수의 마력을 제압 할 수 있다.

제2절 형벌과 정의

1. 응보주의

응보주의 입장에서는 형벌의 유일한 목적은 범죄를 저지른 자에게 그 범죄를 보복하는데 있다고 본다.

눈에는 눈, 이에는 이
상처는 상처로, 멍은 멍으로 갚으라

탈리오 법칙

칸트는 형법은 정언명령이므로 반드시 지켜져야 하며 처벌은 단지 다른 가치를 조장하기 위한 수단으로 이용되어서는 안 된다고 하였다. 헤겔은 형벌은 나쁜 짓에 상응하여 응당 받아야 하는 것이고 그것을 범죄의 예방, 교정, 억지 수단으로 보는 입장은 나쁜 짓에 대한 응보라는 객관적인 문제를 무시하는 것이며, 그것은 인간을 벌을 받을 가치가 있는 존재로 보는 것이 아니라 훈련시키는 동물로 보는 것이라고 하였다.

칸트와 헤겔은 보복 또는 응보 외에는 벌을 정당화할 수 있는 근거나 이유가 없다는 입장을 나타낸다. 이 입장에 따르면 벌은 잘못에 합당한 응보이며 정의는 범죄자가 죄에 걸맞은 죗값을 치를 것을 요구한다고 한다. 즉 범죄의 경중에 비례한 처벌을 통해 정의의 균형이 회복된다는 것이다.

공리주의자들은 형벌의 목적은 범죄자의 교정, 교화, 개선을 통한 범죄 예방, 범죄의 억지에 있다고 한다. 이러한 견해에서는 벌은 범죄자의 교정을 목적으로 범죄자에게 가장 좋은 효과를 낼 수 있도록 고안되거나 제정되어야 하고, 범죄나 비행의 예방, 범죄를 억제하기 위해서 벌은 범죄가 아니라 범죄자에 초점을 맞추어야 한다고 한다.

공리주의의 입장에서는 살인죄를 저질렀다 하더라도 범죄를 진심으로 뉘우치고 있고 다른 범죄나 나쁜 짓을 저지르지 않을 것이라는 확신이 있을 때는 그를 벌하지 않는 것이 옳다. 그러나 어떤 특정인을 대중 앞에서 벌하면 큰 범죄 예방 효과가 있으리라는 것을 안다면 그가 범죄를 저지르지 않았다 하더라도 그를 처벌해야 한다는 문제가 발생한다. 또, 특정 범죄자를 교정하기 위해 가벼운 처벌을 하게 되면 이것이 다른 잠재적 범죄자들을 고무하여 그들의 범죄를 억제할 수 없는 문제가 발생한다.

제3절 법의 강제력과 정의
1. 힘이 곧 정의다

자연상태에서의 인간은 인간에게 늑대다. 따라서 법이 없다면 폭력과 투쟁이 끊이지 않을 것이다.

　자연상태에서의 인간은 인간에게 늑대이며, 만인대 만인의 투쟁상태에 있으므로 평화를 위해 자유를 양보하고 법에 복종하여야 한다. 자연상태에서는 법이 없기 때문에 정의와 부정의 구별이 없다.

토마스 홉스

　홉스는 자연 그대로의 상태, 원초적 삶에 있어서의 인간은 외롭고 가난하고 구역질나며, 짐승과 다를 바 없고 단명할 것이라고 하면서 국민은 엄격한 통제력을 가진 법으로 다스려야 하고 국가의 과업은 평화를 유지하는 것이라고 하였다.
　이러한 견해에 따른다면 자연에 근거한 정의 즉 법률이 명령하지 않더라도 옳은 것을 하도록 요구하는 정의는 없는 것이며, 정의롭다는 것은 기회주의와 같은 것이 된다. 홉스는 개인적 갈등에 종지부를 찍고 평화를 가져오기 위해서는 폭군적 힘이 필요하고 평화가 보장됨으로써 자유의 박탈과 불평등은 보상이 된다고 하였다. 힘이 없는 정의는 공허하다는 점에서 홉스의 견해는 부분적으로 타당성을 지닌다. 그러나 자유를 포기한 인간이 인간으로서의 존재 의의가 있는 지는 의문이다.

2. 힘은 법의 필요조건이며 충분조건은 아니다

　정의는 법을 지속하게 하는 원동력이며, 법은 보편적인 동시에 이성의 요구에 부합할 것을 조건으로 한다. 법의 강제성이 사회질서 유지를 위해 필수 불가결한 것이라 할지라도 그것만으로 인간은 만족할 수 없다. 제도적 폭력은 언젠가는 불법적인 힘으로 판명되어 타도 대상이 될 것이며 보편 이성에 부합하는 정의로운 법만이 정당성을 부여 받으며 계속 존속할 수 있을 것이다.

　힘이 없는 정의는 공허하고 무능력하며, 정의가 없는 힘은 폭력에 지나지 않는다. 힘은 법의 필요조건이지만 충분조건이 될 수는 없다.

　현실의 법에 많은 약점과 한계가 있을지라도 정의로운 법이 될 수 있도록 하는 노력을 포기해서는 안 될 것이며, 또한 그 법이 힘에 의해 실현될 수 있도록 합목적성 (실용성)을 갖추는 것 또한 필요하다.

> 힘없는 정의는 무력하여 국민을 보호할 수 없다.
> 그러나 정의롭지 않은 법은 폭력에 지나지 않는다.

제4절 정의의 여신은 왜 눈을 가리고 있는가?

1994년도 미국에서 발생했던 미식축구 선수 심슨의 아내 니콜 살해사건의 재판에서 변호인은 가죽 장갑이 손에 맞지 않았다는 사실을 강조하였고 배심원들의 이목이 모두 장갑에 집중되어 무죄 평결이 내려졌다. 증거보전을 위하여 라텍스 장갑을 끼고 그 위에 장갑을 끼면 장갑이 맞지 않는 것이 당연하고 그밖에도 발자국, 혈액형, 머리카락의 일치 등 유죄를 입증할 수 있는 많은 증거가 있었음에도 무죄 평결이 내려진 것은 인간이 시각적 증거에 대한 인지적 편견을 가지기 쉽다는 것을 보여 준다. 인간은 눈에 보이는 증거에 친숙하며 눈앞에 보이는 측정 가능한 대상을 중요하게 여긴다. 인간은 눈에 보이는 것에 현혹되어 본질을 바로 보지 못하는 경향이 있다.

오델로 역시 눈에 보이지 않는 정조보다는 훔친 아내의 손수건에 흔들려 사랑하는 아내를 죽이고 말았다. 그리스 신화에 나오는 최고 예언가 테이레시아스가 장님인 것, 저울을 든 정의의 여신이 눈을 감고 있는 것은 눈에 보이는 것에 현혹되어 진실을 보지 못하는 인간에 대한 교훈적 의미가 담겨있다.

시각적 증거는 정의를 왜곡한다. 정의의 여신이 눈을 감고 있는 것은 눈에 보이는 것에 현혹되어 진실을 보지 못하는 인간에 대한 교훈적 의미가 담겨 있다.

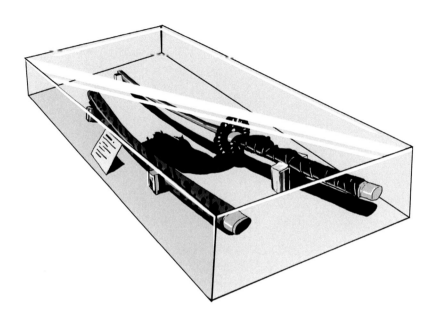

집행되지 않는 법은 전시용 칼과 같다. 법이 집행되지 않아 살인과 약탈, 사기가 난무하게 되면 권위가 추락하고 사회가 혼란스럽게 된다.

마키아벨리(*Machiavelli*)는 「군주론(The Prince)」에서 "군주는 자비롭기 위해서 무정해야 한다."고 하였다. 자신의 이익을 추구하는 인간의 본성으로 볼 때, 방만한 법 집행으로 법이 자취를 감추고 자비와 관용이 넘치는 사회는 모두가 자력구제에 나서게 되고 본능의 부름에 이끌려 야생의 정의(복수)를 택함으로써 온 나라가 쑥대밭이 되어 누구나 살고 싶지 않은 사회가 된다는 것이다.

"법은 엄정하게 집행하는 것이 가장 큰 동정을 보이는 것."이라는 말도 같은 맥락이다. 혼란을 제멋대로 방치하여 살인과 약탈이 넘쳐나도록 하는 것보다는 단지 몇 명만 처벌함으로써 더욱더 자비롭다고 할 수 있기 때문이다. 집행력이 없는 법은 동굴에 박혀있는 배부른 사자, 전시용 칼과 마찬가지이며, 국가의 권위를 추락시키고 혼란을 부채질한다. 따라서 법은 엄정하게 집행되어야 한다는 것이다.

2. 악법의 적용

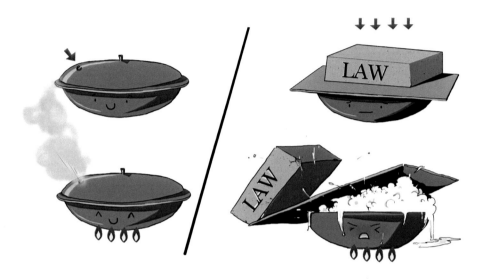

인간의 기본적 욕망을 억누르는 극단적인 법은 성공
하기 어려우며 오히려 극단적인 부정의를 낳는다.

근대 초기 영국 청교도들(Puritans)은 간음 금지법을 만들어 혼외정사에 사형을 선
고하였다. 셰익스피어의 작품 「자에는 자로(Measure for measure)」에서는 혼인신고만
하지 않았을 뿐 법적 부부인 두 남녀가 간음죄로 사형을 당할 위기에 처하게 된다.
　셰익스피어는 작품을 통해 사실상 유명무실화된 이 법을 비판하였다. 이 법대로
라면 결혼한 지 6개월 만에 딸을 출산한 셰익스피어도 사형당했어야 했기 때문이
다. 1919년 통과된 미국의 금주법(Prohibition Act)은 밀조업, 마피아들의 전쟁, 자살을
유발하였고 금주법 시행기간 중 400명 이상의 경찰과 2만명 이상의 무고한 시민을
희생시킨 채 막을 내렸다. 금주법의 실패는 인간의 본성을 억누르는 극단적인 법의
적용은 극단적인 부정의를 낳는다는 것을 보여준 대표적인 사례다.

앞에서 본 바와 같이 방만한 법 집행과 극단적인 법 집행은 모두 부정의를 낳는다. 자비 같아 보이는 자비는 신정한 자비가 아니며 사면은 제2의 재난을 낳을 수도 있다. 그러나 정의뿐 아니라 관용, 자유, 절제, 선행 등 다른 중요한 가치들도 인간 사회에 없어서는 안 될 중요한 미덕이므로 무조건 법을 엄정하게 집행하는 것만이 능사는 아니다.

아리스토텔레스는 "중용의 덕은 넘치거나 모자람이 없는, 인간이 도달할 수 있는 최선의 상태이며 인간은 이성을 통해 이러한 상태에 도달할 수 있다고 하였다. 주희의 「중용」에 의하면 중용을 실천하게 되면 천지가 제자리를 찾고 만물이 자라게 되며 지선至善의 상태에 이르게 된다. 중용은 왕의 머리 꼭대기에 앉아 있는 여왕이며 최상의 미덕에 속한다.

중용은 넘치거나 모자람이 없는, 인간이 도달할 수 있는 최선의 상태이며, 중용을 실천하게 되면 천지가 제자리를 찾고 만물이 자라게 된다.

4. 법은 정의로운가?

　법은 사회질서 유지를 위해 필수 불가결한 것이지만, 현실의 법은 수많은 약점과 한계를 가지고 있다. 법은 나중에 제도적 폭력이나 불법적인 힘으로 판명될 수도 있으므로 법이 반드시 정의를 구현한다고 할 수는 없을 것이다. 그러나 법의 목적은 실용성에 그치지 않고 인간성의 실현과 현실을 개혁하고자 하는 데 있다. 따라서 법은 불완전한 것으로서 정의를 완벽하게 구현하지는 못한다 할지라도, 정의를 지향하고 있다고 보아야 할 것이다.

> 현실의 법이 수많은 약점과 한계를 지니고 있을 지라도 그것은 언제나 구속 그 자체가 목적이 아니라 인간성을 실현하고 현실을 개혁하고자 하는 것이므로 기본적으로 정의를 지향한다고 볼 수 있다.

이성으로 도저히 용납될 수 없는, 정의롭지 못한 법률이 시행되고 있는 경우, 그 시정을 위한 법적 수단이 아무런 효과를 기대할 수 없을 때는 시민 불복종과 저항권의 행사가 한시적으로 검토될 수 있다.

인간은 타인을 이웃으로서 존중해야 할 도덕적 의무가 있으며 누구에게나 준수할 것이 요구되는 법을 지키지 않으려고 하는 것은 온당치 못하다. 다수의 정의감과는 무관하게 법이 정의로운지 아닌지를 주관적으로 판단하여 지키지 않겠다는 생각은 자신이 남보다 우월하다는 생각에서 나오는 것이므로 상호주의와 평등의 정신을 위반하는 것이 된다. 그러나 어떤 식으로든 정당화 될 수 없고, 이성(보편성)으로 용납할 수 없는 법률이 시행되고 있는 경우에는 법을 따르는 것이 오히려 이성(보편성)에 위반되는 것이며 인간성을 포기하게 되는 결과를 초래한다. 이 경우 이성을 회복하는 수단은 현실적으로 불복종 이외에 다른 방법이 없으며, 그것은 정상적 법체계의 복원(개정)을 촉구하는 가치 있는 행동이 될 수 있다. 다만, 이러한 불복종과 저항은 법이 평등한 자유의 원칙을 심각하게 위반하는 경우, 그 부당성을 꾸준히 호소해 왔음에도 합법적 수단이 아무런 효과도 기대할 수 없을 때 행해져야 하며, 그 저항은 정상적 법체계의 복원에 이르기까지 일시적이어야 한다.

제6절 자비와 정의

이성, 질서, 냉정

사랑, 우정, 열정

자비는 강요되는 것이 아닙니다.
그것은 하늘에서 내리는 단비와 같습니다.
자비는 주는 자와 받는 자를 함께 축복하는 것이니
미덕 중에서 최고의 미덕이요,
왕관보다 더 왕답게 해주는 덕성이지요.
엄격한 정의를 자비심으로 부드럽게 만들면
지상의 권력은 신의 권세에 가깝게 됩니다.
정의만 내세우면 구원받을 자가 아무도 없다는 걸 명심하십시오.

세익스피어 「베니스의 상인」 중에서

> 평화를 가져오기 위해서는 법과 강제, 폭력을 사용하는 것이 불가피하다. 그러나 법과 정의만으로는 부족하며 자비, 사랑, 우정에 기반을 둔 사회가 더 이상적인 사회가 될 것이다.

　정의는 공정을 기하고 평화에 방해가 되는 요소를 제거함으로써 평화를 이루고자 하며 법과 강제, 폭력을 수단으로 한다. 그러나 자비(사랑)는 의무가 아닌 자발적 배려이며 대가를 따지지 않기 때문에 그 자체가 본질적으로 평화를 만드는 것이며, 조화를 이루게 하는 것이다. 따라서 법과 정의만으로는 좋은 사회를 만들기 어려우며 자비(사랑)와 우정에 기반을 둔 사회가 더 이상적인 사회가 될 것임은 자명한 일이다.

　이상(理想)은 이상(理想)에 불과하다. 법의 강제력이 필요 없는 사회가 이상적이기는 하다. 그러나 현실적으로는 법이 없는 사회, 자비와 관용이 넘치는 사회는 살인과 약탈이 난무하는, 누구도 살고 싶지 않은 사회가 될 것이다. 법이 제 구실을 못하는 사회는 악법으로 통치되는 사회와 마찬가지로 부정의를 낳게 된다.

제7절 변호사의 정의

사과와 사과즙을 분리해서 생각할 수 있는 것처럼 분리할 수 없는 것을 분리해 내고 사물에 당연히 부착된 섯을 따로 생각할 수 있다면, 법률적 사고를 가지고 있는 것이라는 말이 있다. 이것은 법률가가 작위적 법률 해석과 교묘한 논리로 얼마나 진실을 호도할 수 있는가를 나타내는 말이다. 셰익스피어의 희극 「베니스의 상인」에서 나오는 포샤는 "살을 떼어다가 기독교인의 피를 한 방울이라도 흘리게 한다면 토지와 재산을 몰수하겠다."고 샤일록을 협박한다. 고기를 샀음에도 그에 당연히 포함된 피는 안 샀다고 할 수 있는 것, 사과 한 쪽을 주었지만 사과즙은 주지 않았다고 말할 수 있는 것이 법률적 사고라는 것이다. 포샤의 샤일록에 대한 요구는 유대인에게 기독교인처럼 행동하라는 요구이며, 외국인에 대한 부당한 차별로 인식될 여지가 있다. 법률가들은 때로는 거짓말을 하고도 흑마술 같은 화술과 교묘한 논리로 자신의 말이 거짓말이 아니었다고 변명하며 빠져 나간다.

변호사의 어법

- 성관계를 가진 적은 결코 없습니다(성관계 이외의 다른 형태로 성행위를 한 적이 있다).
- 거짓말을 하라고 명시적으로 권유한 적이 없습니다(거짓말을 하라고 우회적으로 권유한 적이 있다).
- 직접적으로 청탁한 적이 없습니다(간접적으로 청탁한 적이 있다).

피고인은 고기는 팔았거만, 피를 판건 아니지 않습니까.

법률가들은 때로는 교활한 화술과 논리로 진실을 왜곡한다.

제8절 지식인과 정의
1. 지식인의 유약함 - 실행력의 부재

　지식인들은 완벽한 정의를 꿈꾸는 결벽증 때문에 쉽사리 행동에 나서지 못하고 주저하다가 피해를 키운다. 햄릿은 아버지를 독살한 삼촌 클로디어스를 처단하여 정의를 실현할 절호의 기회가 있었음에도 기도를 올리고 있을 때 죽이게 되면 그의 영혼이 천국에 갈 것이라고 생각하여 복수를 질질 끌다가 애인 오필리아를 비롯하여 친구, 어머니 등 무고한 여러 생명을 죽게 한 끝에 비극으로 막을 내렸다.
　햄릿은 완벽한 정의, 이상적 정의, 몽상적 정의를 꿈꾸었다. 「햄릿」의 최후에는 정의가 실현되지만 그 결과는 참담했다. 생각은 많이 하되 실행하기를 싫어하는 지식인의 유약한 성정과 우유부단함은 사후에 막대한 피해를 낳았다. 이 때문에 정의 구현에 매진하는 사람들은 지식인을 탐탁치 않게 생각한다. 단종 복위 운동을 주도했던 무신들이 문신들과 함께 일을 도모한 것을 후회했다는 일화는 이를 말해준다.

> 지식인들은 완벽한 정의를 꿈꾸는 결벽증 때문에 쉽사리 행동에 나서지 못하고 주저하다가 피해를 키운다.

소수의 반대의견은 현실에 부합하지 않는 이상적 정의를 제시하는 경우가 많다. 그러나 시대 상황이 달려졌을 경우 그것이 정의에 부합하게 되는 경우가 있다.

다수의 견해는 현실세계를 껴안는다. 이 때문에 다수의 의견은 당대의 호응을 받는다. 반면 소수의 반대의견은 흔히 이상적 정의를 논한다. 이상사회, 유토피아를 위한 시도가 독재, 전체주의, 살인, 폭력으로 이어진 것처럼 이상을 현실사회에 제대로 적용하려는 시도는 참담한 결과를 초래하였다. 이상에 치우치는 것은 현실적으로 위험한 결과를 초래하기 쉬우나 그럼에도 불구하고 이상주의는 여전히 중요하다. 인간이 이상을 추구하지 않는다면 더 나은 세계를 만들어 갈 수 없을 뿐 아니라 현재 가지고 있는 것조차 누릴 수 없기 때문이다.

1857년 미국 법원에서 흑인 노예가 미국 시민에 해당한다는 의견은 소수의 견에 불과하였으나 후에 미국연방 수정헌법 제14조에서는 흑인 노예를 비롯한 모든 미국인의 평등한 권리를 보장하게 되었다. 소수의견, 반대의견은 이상을 지향하고 미래를 이야기하기 때문에 현실세계에 맞지않을 지라도 더 나은 미래를 기약할 수 있다. 이 때문에 소수의 반대 의견도 존중되어야 하는 것이다.

제9절 순리적 정의 - 천벌
1. 천벌은 없다

악인이 반드시 그의 죄업에 따라 우주의 섭리대로 천벌을 받는 것은 아니다. 세계가 정의를 향해 나아간다는 순진한 믿음으로 아무것도 하지 않는다면 정의로운 세상은 기대하기 어려울 것이다.

　　문학작품이나 그림에서는 흔히 악인의 죄업에 대해 필연적으로 응징이 따른다. 그러나 우리가 살아가는 세상에서는 순리적 정의나 천벌을 기대하기 어려우며, 정의가 언젠가 바로 서게 될 것이라는 헛된 믿음에서 우리가 얻을 수 있는 것은 헛된 위안 뿐이다. 문학에서 악인이 천벌 받게 되는 것은 저주나 예언을 통해 실현되는데, 그것은 저자의 독자에 대한 약속이기 때문에 반드시 실현되는 것이다. 세계는 제발로 정의를 향해 가지 않는다. 세계는 물리법칙과 같은 도덕법칙으로 작동되는 것이 아니며 악을 스스로 자정하는 도덕적 세계가 아니다. 따라서 인간은 도덕 세계에 발을 담그고 정의의 방향으로 거센 물살을 헤치고 계속 나아가야 하는 것이다.

2. 정의를 들먹이지 말라! 실천하라!

볼테르(*Voltaire*)는 세상의 악이란 신의 의지나 정의를 들먹인다고 해명되거나 정당화될 수 있는 것이 아니라고 하면서 "신의 의지나 정의를 들먹이기 보다는 자신의 정원을 가꾸는 것이 낫다."고 하였다. 인간이 종교 따위의 문제로 서로의 삶을 힘들게 만드는 여유를 부리지 않더라도 삶에는 진짜 문젯거리만 해도 충분히 많기 때문에 일이나 열심히 하는 것이 훨씬 의미있는 행동이라는 것이다.

정의는 당장 눈에 보이지 않고 갈 길은 멀기 때문에 헛된 구호에 그치기 쉽다. 정의가 강물처럼 흐르게 하겠다고 추상적으로 떠들어 대는 사람들보다는 구체적 실천방안을 제시하며 생활 속의 사소한 불편을 없애 나가겠다는 정치인들이 정의 실현에 훨씬 더 가까이 있는 사람들이다.

> 정의는 당장 눈에 보이지 않고 갈 길은 멀기 때문에 헛된 구호에 그치기 쉽다. 이 때문에 정의를 외치기보다는 정원을 가꾸거나 눈 앞에 보이는 쓰레기를 치우는 것이 정의와 더 가깝다.

제10절 플라톤의 정의론

1. 철인정치

소크라테스의 죽음은 플라톤에게 정의로운 국가 실현을 위한 고민의 계기가 되었다. 플라톤에게 정의는 개인의 문제라기보다 사회의 큰 틀에서 보아야 하는 것이고 사회 구성원 전체의 행복을 보장하는 유토피아를 통해 실현된다. 인간의 탐욕과 사치는 소유를 위한 경쟁과 빈부차를 가져오며 그에 수반되는 혁명과 민주정치도 중우정치(衆愚政治, mobocracy)의 재난에 빠져 멸망하게 된다. 따라서 플라톤은 현명한 전문가(철인 군주)에 의해 통치되고 계급에 따라 역할 분담이 이루어지는 이상사회를 실현해야 한다고 하였다.

민주정치는 물질적 욕망의 단계에 머물러 있는 대중이 지배권을 가지므로 선동에 의해 국가정책이 결정된다. 플라톤이 본 민주정치는 중우정치로서 타락한 정치형태이며 국가는 지혜와 덕망을 갖춘 현명한 철인군주에 의해 이끌어져야 하며 선善을 실현함으로써 어두운 정념의 세계에서 벗어나 이데아의 세계로 나아가야 한다.

> 국가는 현명한 철인 군주에 의해 통치되어야 하고 부패하고 무능한 사람들이 국가를 이끌게 되거나 중우 정치의 재난에 빠지게 된다면 시민의 행복을 보장 할 수 없다.
>
> 플라톤

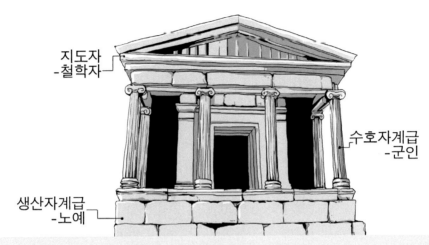

지도자
-철학자

수호자계급
-군인

생산자계급
-노예

각 계층들 사이에 질서가 유지되고 계급에 따른 역할 분담이 이루어져 과업을 수행하는 사람들이 적재적소에 바르게 배치되었을 때 국가의 정의가 바로 서게 된다.

플라톤

플라톤은 국가는 각 계층들 사이에 질서가 유지되고 각 계급이 그 위치에 맞는 덕목을 갖추고 저마다의 역할을 온전하게 수행하며 조화를 이룰 때 정의가 실현될 수 있다고 하였다. 플라톤의 철학에서는 계급을 나누는 기준이 불분명하며 이는 신분계층의 고착화와 엘리트주의, 전체주의 논리로서 독재정치를 정당화한다는 비판을 받는다. 그러나 이 같은 비판은 근대 이후의 역사의 잣대로 평가한 것으로, 시대적 배경을 충분히 고려하지 않은 것이다.

플라톤은 스승 소크라테스의 죽음을 계기로 민주정치의 폐해(중우정치)를 실감하였으며 현명한 전문가에 의해 통치되는 전문가 통치, 덕성을 갖춘 지도자에 의한 통치를 지향하였다. 과업을 수행하는 사람들이 적재적소에 바르게 배치되었을 때 국가의 정의가 바로 서게 되며, 부패하고 무능한 이들이 국가를 이끌게 되면 나랏일이 흔들리게 된다.

가장 훌륭한 이들을 엄격하게 선발하여야 하고, 옳은 결정을 위해서는 다수의 판단력에 의존해서는 안 된다는 플라톤의 철학은 오늘날에도 중요한 의미를 가진다.

제11절 아리스토텔레스의 정의론
1. 미덕에 대한 보상

> 우주는 의미있는 질서로 만들어져 있고 인간은 자연의 질서 속에서 주어진 천성, 소질, 미덕에 따라 살아가기 때문에 분배는 각자가 가진 탁월함 또는 미덕에 따라 차등적으로 이루어져야 한다.
>
> 아리스토텔레스

정의를 각자가 응당 받아야 할 몫을 주는 것이라고 할 때, 아리스토텔레스는 시민의 도덕적 자격, 미덕과 관련지어 생각하였다. 아리스토텔레스에 의하면 모든 정의는 차별을 내포하는 것이며, 분배는 각자가 가진 탁월함 또는 미덕에 따라 차등적으로 이루어진다. 예컨대 최고 품질의 바이올린이 있다면 그것은 최상의 연주 실력을 가진 사람에게 주어져야 하는 것이다. 연주의 목적은 훌륭한 음악을 만들어 내는 것이고 그 목적을 가장 잘 완수해 낼 수 있는 사람에게 최고의 악기를 주는 것은 당연하다는 것이다. 이러한 생각은 우주가 의미 있는 질서로 이루어져 있고 인간은 자연의 질서, 목적을 파악하고 그 안에서 자신의 위치를 알고 자연으로부터 부여받은 천성이나 소질, 미덕을 발휘하여 살아가야 한다는 세계관에서 기인한다.

분배를 시민의 도덕적 자격, 미덕과 관련지어 생각하는 데서 발생하는 문제점
- 자연의 질서와 목적을 인간이 파악할 수 있는가?
- 육체적 능력이 뛰어난 사람은 삽과 곡괭이를 받아 평생 육체노동을 하며 살아야 하는가? 그렇다면 개인의 자유와 권리가 무시되는 것이 아닌가?
- 개인의 도덕적 자격과 미덕에 따른 분배를 합의하는 것이 도대체 가능한가?

이 때문에 현대의 정의 이론은 분배적 정의를 자격, 미덕과 분리하여 생각한다.

2. 자유주의자들의 반론

　칸트는 삶의 목적은 무엇인가, 무엇이 좋은 삶이고 최선의 삶인가 하는 것은 개인 각자가 선택하여 추구할 문제이며, 국가가 바람직한 삶의 방식, 개인이 갖추어야 할 미덕을 정하고 그것을 강요하거나 그에 따른 보상을 지급하는 것은 개인의 자유와 충돌한다고 하였다. 예컨대 노예에게 노예의 미덕만을 강요하고 육체적 노동에 대한 보상만을 지급받으라고 한다면, 열린 존재로서 인간의 모든 발전 가능성이 차단되고 자유와 권리가 침해되게 될 것이다.

　칸트(kant)와 롤스(John Rawls)는 인간은 자유롭고 독립적인 개인으로서 자율성을 가지고 있기 때문에 삶의 목적을 스스로 선택할 능력을 가지고 있으므로 각자 도덕의 주체로서 자신의 행동을 선택할 수 있어야 하며, 다만 국가는 공정한 권리를 보장하는 기틀만을 마련하고 그 틀 안에서 사람들이 각자 원하는 좋은 삶을 살 수 있도록 하면 된다고 하였다.

제12절 자유지상주의와 정의
1. 나, 나의 노동은 나의 것인가?

자유지상주의자들은 자유권은 개인의 타고난 권리이며 인간은 개별적 존재로서 사회가 기대하거나 의도하는 일에 사용되어서는 안 된다고 한다. 로버트 노직은 국가는 개인을 존중하고 개인의 권리를 침해하지 않아야 하며, 나의 노동의 주인은 나이므로 세금 부과는 부당한 강압행위이고 세금 징수는 강제노동과 같다고 하였다. 심지어 소득 재분배를 위한 세금 징수는 절도행위이며 나의 소득을 가져가는 것은 나의 노동을 가져가는 것으로써 나를 노예로 만드는 것이라고 하면서 소득을 재분배하는 세법, 사회보장 정책에도 반대하였다.

그러나 나의 재능과 재능을 이용한 나의 노동은 부모의 유전자, 가정환경, 가정교육에서 유래하는 것이고 나의 재능이 인정받을 수 있는 것도 내가 살아가는 시대가 원시 수렵시대가 아니고 내가 살고 있는 나라가 충성심이 능력의 기준이 되는 세습독재 체제가 아니기 때문이다. 성공한 사람들은 사회에 빚을 지고 있다. 그들은 안정적인 사회에서 산 덕분에 돈을 벌었으며 범죄예방, 의료복지의 혜택을 받은 탓에 부와 권력을 유지하고 있으므로 세금을 더 내는 것은 충분히 감수할 수 있는 일이다. 따라서 내가 나의 주인이고 나의 재능과 노동의 산물은 모두 내 것이라는 생각은 이기적이고 편협한 생각이다.

이러한 생각은 모든 것을 따로 떼어서 생각하는 서구식 분석적 사고의 한계를 드러낸다.

나의 재능과 재능을 이용한 성공은 부모의 유전자, 가정환경, 가정교육에 바탕을 두고 있다.

가정 환경

가정 교육

유전자

빈부차는 공동체의 조화를 깨뜨려 사회불안을 야기한다. 구성원들의 자발적 동의에 의한 세금 징수는 사회의 안정과 자신의 행복을 위한 것이기도 하므로 소득 재분배를 위한 과세정책, 사회보장제도에 반대하는 자유지상주의자들의 생각은 정의롭지 못하다.

현실적으로 가난은 개인의 능력, 게으름의 탓으로만 돌릴 수 없는 문제이며 가난한 사람에게는 돈이 더 절실하다. 가난은 범죄의 토양이 되고 빈부차는 공동체의 조화를 깨뜨리게 되어 사회불안을 야기하므로 이를 방치할 경우 능력있는 부자의 삶도 불행하게 된다. 따라서 소득 재분배를 위한 과세정책, 사회보장제도에 반대하는 자유지상주의자들의 생각은 정의롭지 못하다.

구성원들의 자발적 동의에 의한 세금 징수는 강압이라고 할 수 없으며 그들은 사회의 안정과 자신의 행복을 위해 기꺼이 더 부담을 감수하는 것이다. 따라서 자유지상주의자들의 생각은 틀렸다. 모든 것은 상호 의존하고 있으며 우리가 가진 모든 것은 다 사회와의 관계에서 획득한 것들이다. 상황과 맥락, 상호관계성을 고려하지 않는 서구식 개인주의, 자유지상주의는 환경파괴, 도덕성 상실, 인간소외 등의 폐해를 낳았다.

제13절 분배의 정의
1. 각자에 그의 몫을!

각자에게 그의 몫을 준다는 것은 개인에게 그에 속하는 것을 주는 것을 말한다. 돈을 빌린 사람은 빌려준 사람에게 갚아야 하고 돈을 떼어먹는 사람은 정의롭지 못한 사람이다.

정의에 관한 가장 고전적이며 영향력 있는 정의를 내린 사람은 울피아누스(Ulpi-anus 로마의 법학자)인데 그에 의하면 정의는 '각자에게 그의 몫을 주고자 하는 항상적이고 영속적인 의지'이다. 이 개념 정의를 줄여서 '각자에게 그의 몫을(Suum Cuique)'이라고 말하기도 한다.

각자에게 그의 몫을 준다는 것은 그가 받아야 마땅한 것을 주는 것(개인에게 그에게 속하는 것을 주는 것)을 말한다. 돈을 빌린 사람은 돈을 빌려준 사람에게 갚아야 하고, 돈을 떼어먹거나 도둑질하는 사람은 다른 사람에게 속하는 것을 가져가는 사람이기 때문에 정의롭지 못한 사람이다. 정부의 경우에는 개인이 마땅히 누려야 하는 자연권을 존중하고 지켜주는 정부가 정의로운 정부이다.

2. 평등의 원리, 공적의 원리, 필요의 원리

무엇이 정의로운가에 대해서는 대체로 '삶에서 주어지는 혜택과 부담이 각자에게 공평하게 배분되는 것'을 정의롭다고 말한다. 몫의 불확실성 문제를 해결하고 각자의 몫을 주기 위한 분배 정의의 세 가지 원리로는 '평등의 원리, 공적의 원리, 필요의 원리'가 있다. 먼저 각자의 몫을 주는 가장 공평한 분배는 평등의 원리에 입각하여 똑같이 나누는 것이다.

그러나 파이를 만드는 과정에서 한 번도 거들지 않다가 나중에 먹을 때만 같이 먹겠다고 하면, 그 누구도 이를 공평한 분배라고 할 수 없을 것이다. 이때 파이를 만드는 과정에 참여한 사람에게 기여도(공적)에 따라 나누어주자는 것이 공적의 원리이다. 그러나 공적功績에 따른 분배가 가혹한 결과를 초래할 경우도 있을 수 있다.

예컨대 한 친구는 다쳐서 일을 도울 수 없었고 하루 종일 아무것도 먹지 못했다. 이 경우 먹을 것이 반드시 필요한 절박한 처지에 있는 친구를 분배에서 제외한다면 이는 정의에 반하는 결과가 된다. 이때 긴박한 필요를 가진 사람에게 우선하여 파이를 나누어 주자는 것이 필요의 원리이다.

> 사람의 타고난 신체조건, 재능, 환경에는 개인의 책임으로 돌릴 수 없는 차이가 있으므로 분배는 여러 가지 사정을 함께 고려하여 결정하여야 한다.

3. 어떻게 분배할 것인가?

모든 조건이 같은 경우라면 평등한 분배가 문제될 것이 없으나 이러한 조건이 서로 다르기 때문에 '각자에 그의 것을 준다'는 것은 현실적으로 매우 어려운 문제다. 분배의 정의를 실현하기 위한 여러 가지 이론이 있으나 분배 문제에 있어서는 신이 그 일을 담당한다 하여도 그의 몫과 나의 몫을 정확히 나누어 주기는 어려울 것이다.

분배가 정의롭게 되기 위해서는 그가 받아야할 마땅한 것(그에게 속하는 것)을 주는 분배가 되어야 할 것이다. 그러기 위해서는 평등한 분배, 공적에 따른 분배, 필요에 따른 분배가 되어야 하지만 이 모든 것을 충족시키는 것은 지극히 어려운 일이다. 따라서 분배의 정의에 가깝게 접근하려는 지속적인 노력이 필요하다.

모든 조건이 같다면 평등한 분배가 타당하나 현실은 그렇지 않기 때문에 각자에게 그의 몫을 준다는 것은 지극히 어려운 문제이다.

최대 다수의 최대 행복!

벤담은 행복은 쾌락이라는 전제하에 정의는 최대한 많은 사람들에게 최대한의 쾌락을 가져오는 것이라고 하였다.

제레미 벤담(Jeremy Bentham)은 궤변으로 가득한 법률 체계를 불만족스러워 했으며, 법의 도덕적 기초가 무엇인가에 대해 연구를 하였다. 그가 발견해 낸 도덕 체계의 기초는 공리성에 있고 법의 타당성의 근거도 공리公利였다. 벤담은 인간은 쾌락을 좋아하고 고통을 싫어하기 때문에 '행복은 쾌락이다'라는 전제하에 많은 사람들을 행복하게 하거나 많은 양의 쾌락을 제공하고 고통을 피하게 하는 것(최대 다수의 최대 행복상태를 만들어 내는 것)이 선善이라고 생각하였다.

제레미 벤담의 시신은 방부처리되어 런던 대학에 보관되어 있다. 이것은 미래의 사상가를 자극하기 위해, 위대한 철학자의 시신을 보존하는 것이 효용성이 있다고 생각한 그의 유언에 따른 결정이었다.

2. 질적 공리주의

배부른 돼지보다 배고픈 인간, 만족한 바보보다 불만족한 소크라테스가 낫죠.

J.S 밀은 인간 고유의 능력을 최대한 사용하여 인간의 가치를 추구하는 좀 더 질 높은 쾌락을 통해 진정한 행복에 이르는 것이 중요하다고 보았다.

　밀(John Stuart Mill)은 행복을 단순히 양적인 것으로 계산하여 쾌락의 양으로 선(善)의 기준을 정하는 벤담(Jermy Bentham)의 견해에 동의하지 않았다. 밀은 쾌락(행복)의 질을 중요하게 생각하였으며 "배부른 돼지보다는 배고픈 인간이, 만족한 바보보다는 불만족한 소크라테스가 되겠다."고 하였다. 그는 '양적 쾌락을 중요시한 것은 인간성을 고려하지 않은 결과이며 쾌락의 기준은 인간이 가진 가치에 있기 때문에 인간 고유의 능력을 최대한 사용하여 좀 더 질 높은 쾌락을 통해 진정한 행복에 이르게 하는 것이 중요하다'고 보았다.

3. 공리주의와 도덕적 딜레마

공리주의는 물질적 욕망을 중시하고 최대한의 이익을 목표로 함으로써 경제성장의 원동력이 되었다. 공리주의는 인간의 존엄성을 적극적으로 고려하지 않는다는 섬에서 다소 전박하게 보일 수도 있으나 그것은 사회제도를 바로 잡으려는 합리성에 기반한 노력의 산물이었으며, 공리주의 원칙은 오늘날에도 사회정책 수립의 근본정신으로 작동되고 있다.

국가의 예산지출 문제처럼 가장 합리적 선택을 해야 하는 경우라면 공리주의적 사고방식이 매우 유용한 방법이 될 수 있다.

그러나 공리주의에 따른다면, 결과적으로 그 영향이 나쁜 것보다 좋은 것이 많을 때 모든 법이나 행동은 정당하고 옳은 것이 되기 때문에 공리주의는 도덕적 가치가 충돌하는 경우 그 딜레마를 해결하기 어려운 문제점이 있다.

> 공리주의에 의하면 많은 사람에게 이익이 되고 좋은 결과를 가져오는 것이 더 많다면 모든 법이나 행동은 정당한 것이 된다.

4. 공리주의 계산법

공리주의 계산법에 따르면 도덕적인 행동이 부도덕한 일이 될 수 있고 도덕적으로 행동한다는 것을 항상 옳은 일이라고 할 수도 없게 되어 도덕적 딜레마에 빠지게 된다.

- 콜로세움에서 맹수에 잡아먹히는 기독교인들의 고통·공포보다 로마인들의 즐거움이 크다면 그 일을 계속 해야 하는가?
- 정보의 가치가 크다면 고문을 해야 하는가?
- 비용-편익분석으로 볼 때, 흡연을 권장하는 것이 조기 사망을 유도하여 의료비, 연금, 주택 비용을 절감하게 된다고 하여 흡연을 장려할 것인가?
- 아내에게 선물을 줄 때는 아내가 어떤 일을 했는가를 생각하고 그것이 사회적 공리를 최대화하는 것인지를 고민해야 하는가?
- 고통보다 즐거움을 준다면 도둑질이나 살인을 해도 되는가?

공리주의 계산법은 효용성을 극대화하는 것을 목표로 모든 가치를 돈이라는 단일 기준으로 환산하기 때문에 결과지상주의, 성과우선주의에 빠지게 되고 도덕적 딜레마에 봉착하게 되어 사회정의가 실현되는 민주적 도덕공동체를 형성하기 어렵다는 비판을 받는다.

공리주의 계산법에 따르면 부도덕한 일도 권장될 수 있다.

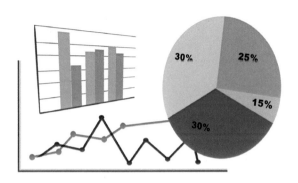

계산과 도표, 통계에는 인간미
와 상상력이 누락되어 있다.

어려운 시절(hard time)

　사실만을 가르치시오. 사실에 기초할 때만 논리적 인간을 만들 수 있는거요. 사실 이외의 어떤 것도 도움이 되지 못하오. 상상이란 단어를 완전히 버리도록!

찰스 디킨스「어려운 시절」중에서

　찰스 디킨스는 이 작품을 통하여 사실 너머에 존재하는 인간미와 창조적 상상, 이기심에따라 계산하지 않는 사랑의 중요성을 강조한다.

　교육은 인간 개조의 원동력으로 산업현장에 필요한 훈련된 노동자를 길러내는 데 목적이 있다. 사실과 계산만을 가르치며 궁금해 하지 말라고 하면서 자유로운 상상과 인간적 호기심을 억누른다. 교사는 사회가 요구하는 지식을 일방적으로 주입하고 학생은 흡수하기만 하면 된다고 생각한다. 공리주의에서 강조하는 합리성은 자본주의의 경제적 합리성에 부응하는 것이고 학생의 인격적 성장보다 산업체계가 요구하는 사실에 의거한 지식 주입을 목적으로 한다. 학교 교육의 원리는 공장운영의 원리와 같다.

찰스 디킨스

　찰스 디킨스는 법률보다 더 큰 정의가 존재하며, 그것은 계산과 통계, 도표에 근거한 사실이 아닌 인간미와 창조적 상상에서 비롯된 사랑이라고 하였다. 그에 의하면 사랑·상상력, 생명력과 활기, 타인에 대한 믿음, 상부상조의 미덕이 코크 타운(산업문명)의 대안이다.

6. 찰스 디킨스의 공리주의 비판②

공리주의 사고방식에 따르면 쓸모없는 고아가 죽 한 그릇을 더 달라는 것은 큰 사건이 된다.

올리버 트위스트(Oliver Twist)

주인공 올리버 트위스트는 갈 곳 없는 사람들이 마지막으로 향하는 교회 구빈원에서 태어나 다른 고아들과 함께 그곳에서 자라게 된다. 구빈원에서 고아들에게 주어지는 끼니라고는 죽 한 그릇뿐이다. 어느 날 올리버는 정해진 죽 한 그릇을 먹고 너무 배가 고파 죽 한 그릇만 더 달라고 하였다가 구빈원에서 쫓겨나 장의사 집에 도제로 가게 된다.

죽 한 그릇을 더 달라는 요구가 왜 추방까지 당해야 하는 대사건인지에 대하여 의아한 생각이 들 수밖에 없다. 그 시대를 지배하는 철학적 사고는 공리주의였는데 아무런 생산성이 없는 고아에게 죽 한 그릇을 더 주는 것은 악덕으로서 허용될 수 없는 일이었다. 공리주의는 사회적 약자의 희생을 당연시 한다.

공리주의는 사회 전체의 행복을 증진시킴으로써 개인과 사회 전체의 행복을 가져올 수 있다고 한다. 공리주의는 사회적 효용성, 효율성을 최고 가치로 내세우고 행복의 척도를 산술적으로 계산·측정 가능한 물질적 효용성에 두기 때문에 개인의 특성과 정체성·행복은 다수의 효율성의 이름으로 무시되고 결과만 중시되며 인간은 사회 시스템의 부품으로 취급되어 생산수단의 일부로 전락하였다.

찰스 디킨스

제15절 롤스의 정의론
1. 정의의 원칙에 대한 합의의 필요성

　존 롤스는 "정의는 사회제도의 제1덕목이다. 법이나 제도가 아무리 효율적이라도 그것이 정당하지 못하면 개혁되거나 폐기되어야 하고 정의는 전체 사회의 복지라는 명목으로도 유린될 수 없다."고 하였다.

　존 롤스는 효율성을 중시하고 전체를 위해 소수의 희생을 강요하며 개인의 평등과 권리를 고려하지 않는 공리주의 방식에 반대하였다. 그에 의하면 사회구성원들은 노력에 따른 이득의 분배방식에 무관심할 수 없고 자신의 목적을 위해서는 큰 몫을 원할 것이기에 적절한 분배의 몫을 정하기 위한 공정한 규칙 , 사회정의의 원칙, 기본적인 권리와 의무를 명시한 공동체의 기본적 헌장에 대한 합의가 필요하다.

　정의의 원칙에 대한 합의는 계몽사상가들의 사회계약과 같은 맥락이다. 롤스의 정의론은 사회주의와 자유주의를 절충한 이론으로써 칸트의 윤리학을 기초로 사회계약론을 현대적으로 해석하여 일반화·추상화시킨 것이다.

적정한 분배의 몫을 위해 공정한 규칙을 정합시다.

사회 구성원들은 이해의 대립을 막고 정의에 의해 보장된 권리를 찾기 위해 적절한 분배의 몫을 정하기 위한 공정한 규칙을 정해야 한다.

존 롤스

2. 정의의 원칙을 정함에 있어서 우선적 고려사항 - 약자에 대한 배려

사회제도는 인간의 권리와 의무를 규정하고 그들의 인생 전망(기대와 소망)에 심대한 영향을 주는데, 사회제도로 인하여 불리한 출발점에서 시작하거나 유리한 조건이 부여되는 불평등이 생겨나기도 한다. 사회의 기본구조 속에 있는 불가피한 불평등은 능력이나 공적이라는 개념에 의해서도 정당화 될 수 없는 것이다. 따라서 이러한 불가피한 불평등에 대하여 사회정의의 원칙들이 우선적으로 적용되어야 한다. 즉, 사회의 약자(최소 수혜자)에게 우선적으로 관심을 가져야 한다.

무엇을 분배할 것인가라는 문제에 있어서 그전까지는 명예, 공직, 금전, 물질적 부 등이 거론되어 왔으나 존 롤스는 권리와 자유, 기회와 권한, 소득과 부, 자존감 등을 포함하는 사회의 기본 가치가 공정하게 주어져야 한다고 함으로써, 정의의 영역을 확대시켰다. 롤스의 정의론은 자유주의적 이론 체계에 사회주의적 요구를 통합한 정치 철학으로 평가받는다.

인생은 출발점에서부터 불공정하다. 정의의 원칙을 정함에 있어서는 이 점을 고려해야 한다.

3. 공정으로서의 정의 - 절차적 정의

롤스의 정의론은 자신의 이익 증진에 관심을 가진 자유롭고 합리적인 사람들이 평등한 최초의 입장에서 그들 공동체의 기본조건을 규정하는 것으로서 채택하게 될 원칙이나.

이러한 원칙들은 원초적 상황에서 공정한 절차에 의하여 합의된 것이므로 정의로운 것이다. 이러한 점에서 롤스의 '공정으로서의 정의'는 순수 절차적 정의이다. 롤스는 게임의 규칙에 자발적으로 동의하여 게임의 법칙이 공정하다면 불평등한 결과도 공정하다고 한다. 현실에서는 케이크 자르기와 같은 완전 절차적 정의는 있기 어려우므로 보다 쉬운 방법으로 공정한 규칙을 정하여 게임을 한 후 결과에 승복하는 것(예: 도박)과 같은 순수 절차적 정의를 강조하였다. 즉 공정한 규칙에 대한 합의는 정의의 근거가 된다는 것이다.

게임의 규칙에 동의하여 자유롭게 합의한 게임의 법칙이 공정하다면 불평등한 결과도 공정하다. 이것은 공정한 규칙에 대한 합의가 정의의 근거가 된다는 것으로서 순수 절차적 정의라고 한다.

4. 원초적 입장, 무지의 베일

정의의 원칙들은 원초적 입장에서 무지의 베일 속에서 선택된다. 이때 원초적 상황에 있는 당사자들은 자유롭고 평등하며 상대의 조건을 알 수 없기에 자신의 특정 조건에 유리한 원칙을 구상할 수 없다.

존 롤스

정의의 원칙들은 원초적 입장에서 무지의 베일 속에서 선택된다. 원초적 입장이라는 것은 사회계약론에 있어서의 자연상태에 해당하는 것으로 역사상 실재했던 상태나 문화적 원시상태를 의미하는 것이 아니다. 이것은 아무도 모른다는 순수한 가상적 상황을 의미한다. 이러한 상황에서는 아무도 자신의 특정 조건에 유리한 원칙들을 구상할 수 없는 까닭에 우연성으로 인해 누구도 유리하거나 불리하게 된다고 볼 수 없으므로 정의의 원칙들은 공정한 합의나 약정의 결과가 된다. 이 경우 합의 이전에 원초적 상황에 있는 당사자들은 자유롭고 평등하며 합리적이고 상호 무관심한 것으로 가정한다.

사회는 존 롤스가 생각하는 것과 같은 가상의 세계가 아니고 현실 사회에서는 사회적·경제적 차이가 엄연히 존재한다. 따라서 현실적으로는 무지의 베일이 아니라 예견의 원리에 따른 정의의 원칙이 필요하다.

> 최대 수혜자에게 돌아가는 넘치는 몫유 가장 열악한 처지에 있는 사람들의 처지를 개선하는 데 사용되어야 합니다.

이득의 분배는 가장 곤란한 처지에 있는 사람을 포함해서 그 사회에 가담하는 모든 사람의 협력을 이끌어내도록 이루어져야 하며, 특정 구성원들의 권리나 이익의 희생을 요구하는 것이어서는 안 된다. 천부적 재질이나 사회적 여건의 우연성을 정치·경제적 이득의 요구에 있어 무의미한 것으로 무시하는 정의관을 갖고자 할 경우 우리는 다음과 같은 원칙들에 도달하게 될 것이다.

- 제1원칙: 평등한 자유의 원칙
  각 개인은 기본적 권리와 의무의 할당에 있어 평등한 권리를 가져야 한다(각자에 그의 몫을 주는 것).
- 제2원칙: 차등의 원칙 - 정의로운 저축의 원칙
  사회·경제적 불평등은 사회의 가장 불리한 여건에 있는 사람(최소 수혜자)이 이득을 얻을 수 있는 상황에서만 허용된다. 불평등은 직책이나 지위가 모든 사람에게 개방된 상태에서만 가능하다(기회균등의 원칙).

  롤스의 정의론은 공리주의와 자유방임주의의 한계를 보완하고 자유와 사회 정의를 동시에 구현하고자 했으며 사회적 약자와 소수자의 인간다운 삶을 배려하는 복지국가의 이념적 토대가 되었다.

6. 맥시민 전략

무지의 베일을 쓴 원초적 입장에서는 계약에 있어서 숙고하여 자신에게 받아들여질 수 있는 원칙을 합리적으로 선택하게 될 것이다. 그 결과 자신이 최소 수혜자가 될 수도 있는 최악의 상황에 대비하는 것이 합리적이라고 생각하게 될 것이므로 이익 극대화 보다는 피해를 극소화 하는 원리에 합의할 것이다(맥시민 전략). 예컨대 내가 매우 부자가 될 수도 있고 빈자로 추락할 수도 있는 사회보다는 재산의 양이 제한되어 있더라도 가난한 자를 위한 사회 안전망이 훌륭하게 정비된 사회를 선택하게 될 것인데, 이는 합리적 선택의 결과이다. 이 때문에 롤스의 정의론은 공리주의적 정의론이 아니라 계약론적 정의론이며 합리적 선택이론과도 부합되는 것이다.

맥시민 전략은 지나치게 안정적인 전략이며, 사람들은 롤스의 예상과 달리 위험을 무릅쓰고 '투자의 전략'을 선택할 수도 있다.

> 무지의 베일을 쓴 원초적 입장에서 계약할 때 사람들은 자신이 최소 수혜자가 될수도 있다는 최악의 상황에 대비하여, 피해를 극소화하는 원리에 합의할 것이며 그 결과 사회 안전망이 훌륭하게 정비된 사회를 선택하게 될 것이다.
>
> 존 롤스

7. 롤스의 차등원리 - 민주적 평등원리

자연적으로 주어진 재능은 우연한 것이며, 이에 대하여 대가를 요구하는 것은 정당하지 않다.

존 롤스

롤스는 부모로부터 물려받은 엄청난 재산이 스스로의 노력으로 성취된 것이 아니기에 정당하지 않은 것처럼, 자연적으로 주어진 재능이나 능력에 대한 대가를 요구하는 것도 마찬가지로 정당하지 않다고 보았다. 재능은 우연히 주어진 것이며 재능을 타고난 사람도 그것을 사회적 자산으로 알고 이웃과 사회에 대한 책임을 느껴야 한다는 것이다.

그러나 평등주의 이상은 인간의 성취욕구를 꺾게 되어 개인의 발전을 저해하고 사회적으로도 불이익이 된다. 이러한 현실에 대한 타협책으로 롤스는 창조적인 능력을 가진 사람들 즉, 처지가 나은 자들이 보다 많은 이익을 추구해 소득과 부를 증가시키려는 행위가 정당해질 수 있는 유일한 조건은 그들에게 주어지는 혜택이 사회적 약자들의 삶에도 이익이 될 수 있어야 한다고 주장하였다. 이것이 바로 제2원리인 차등원리이며 민주적 평등원리로 불린다.

롤스의 정의론은 형식적 평등의 원리가 묵인해 온 사회적·자연적 행운이나 우연을 배제하고 그러한 것들을 사회의 공동자산으로 간주하여 타고난 재능을 가진 사람들의 책임(노블리스 오블리주)을 강조하였다. 롤스의 정의론은 최소 수혜자의 복지에 중점을 두어 경제적 효율성이 떨어지고, 사회 전체의 삶의 수준을 저하시킬 수 있다는 비판을 받기도 한다.

제16절 절차적 정의

1. 적법절차의 원칙

성경을 읽기 위해서 촛대를 훔치는 것이 허용되는 것은 아니다. 정당한 목적을 위해서 어떤 수단도 사용할 수 있다는 생각은 효율지상주의, 결과지상주의, 몰가치한 이기주의로 부정부패, 사회혼란, 가치관의 혼란으로 귀결될 수 있다. 이 때문에 정의는 그 실질적 내용도 중요하지만, 정의가 만들어지는 절차가 공정한 조건을 충족시키는 것이어야 한다.

민주주의는 적법절차(법의 지배 rule of law)를 통하여 문제를 해결하고 국민에 의한 통치, 국민에 의한 지배를 실현함으로써 자의적인 결정으로부터 개인의 자유와 권리를 보호한다는 점에서 절차적 정의(procedural justice)의 원칙에 입각한 정치 형태, 정치 방식이다.

> 성경을 읽기 위해서 촛대를 훔치는 것이 허용되는 것은 아니다. 정당한 목적을 위해서 어떤 수단도 사용할 수 있다는 생각은 결과지상주의, 이기주의로 부정부패, 사회혼란을 가져온다.

2. 불완전한 절차적 정의

케이크 자르기 규칙은 공정한 결과를 보장할 수 있는 완전한 절차적 정의이다.

예컨대 A와 B가 케이크를 나누는 경우 A가 케이크를 자르고, 몫을 선택하는 권리는 B가 갖기로 한다면 A는 자신이 손해보지 않기 위해서 가급적 균등하게 케이크를 자르려고 할 것이다. 이 경우에는 공정한 결과를 보장할 수 있는 절차가 존재하므로 완전 절차적 정의를 실현할 수 있고, 합의된 절차에 따른 결과에 대해 어느 누구도 불만을 갖지 않게 될 것이다.

그러나 현실에서는 케이크 자르기처럼 공정한 결과를 보장할 수 있는 절차가 존재하지 않는다. 재판에서는 오판을 피할 수 없고 친자확인을 위한 혈액검사도 1%의 오류 가능성이 있다는 점에서 불완전한 절차로 볼 수 있다. 그러나 불완전하다고 해서 해당 절차에 항상 문제를 제기하고 불신하는 태도, 개별적 특수성에 집착해서 완벽하게 정의로운 결과를 얻으려는 시도는 더 큰 부정의를 낳게 할 우려가 있다. 따라서 완전 절차적 정의만을 고집하려는 태도는 비현실적이며, 완벽을 추구함으로써 오히려 완벽에서 멀어지는 결과를 초래할 수도 있다.

존 롤스는 절차와 결과를 구분하여 공정한 절차와 규칙을 마련하는 것이 정의로운 결과를 도출하는 것에 비하여 쉽다는 현실적 이유로 순수 절차적 정의를 주장하였다. 따라서 현실적으로는 불완전한 절차적 정의가 최선의 대안이며 공정한 규칙, 절차를 마련하고 그로 인한 결과가 평등에 근접하도록 부단한 노력을 해야 한다.

제17절 정의로운 선택
1. 선택의 어려움

정원이 10명인 구명 보트에 12명이 타고 있을 때 누구를 내리게 할 것인가? 이때 필요성, 효율성, 자유, 평등, 복지의 요구를 모두 충족시키는 해결 방법을 택하는 것은 지극히 어려운 문제가 된다.

　정원이 10명인 구명보트에 12명이 타고 있을 때 누구를 내리게 할 것인가? 이에 대해서는 정의에 대하여 어떤 입장을 가지는가에 따라서 다른 결론이 도출될 수 있다. 먼저 효율성, 실적(공적), 자유를 중시하는 입장에서 앞으로 사회에 가장 적게 기여할 사람, 고통을 가장 적게 느낄 사람을 보호의 대상에서 제외시키게 될 것이다. 그러나 필요성, 평등, 복지를 중시하는 입장에서는 그동안 우월적 지위에서 많은 행복과 명예를 누려온 사람이 희생되고 불리한 환경과 신체조건으로 고통받아온 사람이 보호받아야 한다고 주장하게 될 것이다.

　한편, 질서와 규칙을 중시하는 입장에서는 배의 난파에 책임이 있거나 안전수칙을 위반한 사람, 다른 사람의 안전을 위태롭게 할 사람을 내리게 할 것이다. 이 문제는 필요성과 효율성, 평등과 실적(공적), 자유와 복지의 사이에서 이 모든 조건을 충족시키는 해결점을 찾아야 하는데, 이는 결국 분배의 정의 관점에서 그 시대와 장소, 상황에 따라 타당한 결정을 해야 하는 어려운 과제이다.

트리아지(triage)의 관행은 전쟁 부상자 분류법으로 사용되었는데, 부상자 집단을 ① 회복가능성이 거의 없는 사람들 ② 치료를 하면 목숨을 구할 수 있고, 전쟁에 복귀할 수 있는 사람들 ③ 특별한 치료없이도 회복가능한 사람들, 위의 세 가지 유형으로 분류하여 두 번째 집단에 치료의 우선순위를 두는 방법이다.

이 방법의 최대 장점은 효율성이다. 전쟁이라는 긴급한 상황이라는 점과 첫 번째 사람들을 치료할 경우 희소한 자원을 회복 가능성이 없는 환자에게 쏟는 결과가 되어 많은 사람을 살리는 것이 더 어려워 질 수도 있다는 점을 고려하면 이 방법이 필요성의 원리, 평등의 원리에 반하는 것이라고 할 수는 없을 것이며, 이것은 비교적 합리성과 타당성을 가진 방법으로 정당화 될 수 있을 것이다.

트리아지의 관행은 군사적 상황이 아닌 경우에도 가급적 많은 생명을 구하기 위한 방법으로 정당화되어 왔고 오늘날에는 농산물이나 자원의 선별법에서도 널리 활용되고 있다.

> 치료를 하면 목숨을 구할 수 있고 정상적인 생활을 할 수 있는 사람들에게 치료의 우선순위를 두는 트리아지의 관행은 위급한 상황에서 희소한 자원을 어떻게 분배할 것인가에 대하여 매우 유용한 방법이다.

3. 분배의 어려움

가정의 경우, 정상 아동과 장애 아동이 각 한 명인 경우에는 생활비가 더 들고 거주 여건이 열악해진다 하더라도 장애 아동을 중심으로 가계를 꾸려나가야 하는가? 만약 장애 아동이 한 명이고 정상 아동이 세 명이 되는 상황이라면, 그 경우에도 장애 아동 위주로 가계를 운용해야 하는가?

위의 경우에서 보듯 분배의 정의를 실현하는 것은 지극히 어려운 문제이므로 그것은 어떤 획일적 기준을 적용함으로써 해결될 수 있는 문제가 아니며, 다양한 기준들을 복합적으로 고려하여야 한다. 시기와 장소, 상황 등 모든 요소를 고려하여 필요성과 효율성, 평등과 공적, 자유와 복지의 사이에서 분배의 정의가 있는 접점을 찾아야 할 것이며, 인간의 존엄성이 존중되고 기회 균등이 보장되는 사회, 사회조건의 불평등을 최소화하는 사회를 이루기 위해 부단한 노력을 기울여야 할 것이다.

> 분배의 정의는 어떤 획일적 기준을 적용함으로써 해결될 수 있는 문제가 아니며, 시기, 장소, 상황 등 모든 요소를 고려하여 필요성과 효율성, 평등과 공적, 자유와 복지 사이에서 그 접점을 찾아야 한다.

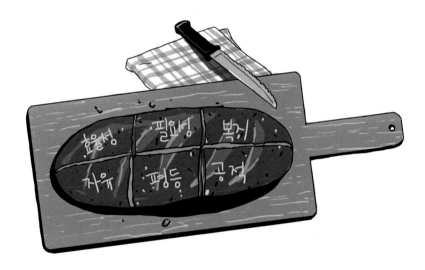

제18절 정의를 무엇으로 실현할 것인가?

1. 채찍

처벌은 즉각적인 복종을 이끌어 내는 효과가 있으나 저항감을 주어 보이지 않는 곳에서 일탈행위를 증대시키는 면이 있기 때문에 장기적으로는 그 효과가 생각만큼 크지 않다고 한다.

정의를 실현하는 방법에 대해서는 보통 당근(칭찬, 보상)과 채찍(감시, 처벌)이 거론된다. 감시는 범죄 등 정의롭지 못한 행위를 줄이는 효과가 있다. 예컨대 가로등이 있는 곳에서는 성범죄가 확연히 줄어들고 감시 카메라가 있는 곳에서는 위반·일탈행위가 줄어든다. 그러나 감시는 저항감을 주기 때문에 억제되었던 일탈행위가 보이지 않는 곳에서 발생하게 되므로 전체적으로 볼 때 그 효과는 크지 않다고 한다.

처벌은 즉각적인 복종을 이끌어 내는 효과가 있다. 그러나 처벌은 명예를 실추시키고 도덕성을 고양시키지는 못하기 때문에 장기적으로 처벌의 효과가 생각보다 미미하거나 오히려 역효과가 나기도 한다. 예컨대 늦게 오면 벌금을 내게 하는 벌칙이 있을 때 돈만 내면 늦을 수 있는 권리가 있다고 생각하거나 처벌에 저항감을 느끼고 더 과격한 일탈을 저지르는 경우도 있다.

2. 당근

남을 기꺼이 돕는 도덕적 행위에 보상이 반복되면 보상이 행위의 동기가 되어 순수한 인간의 선의지를 몰아내게 되므로 장기적으로는 정의의 실현을 더 불완전하게 만드는 면이 있다.

물질적 보상은 즉각적인 복종을 이끌어 내는 효과가 있다. 그러나 보상이 동기부여에 미치는 효과에 관한 여러 연구결과에 의하면 어떤 행위에 대한 보상이 계속되면 보상이 행위의 동기가 되어 버리게 되어 보상이 있을 경우에만 선행을 하게 된다. 예컨대 남을 기꺼이 돕는 행위에 대한 보상이 반복되면 물질적 대가가 동기가 되어 버리고 금전적 대가라는 외적 동기가 내적 동기를 몰아낸다. 즉, 보상은 도덕적 자아에 영향을 미치지 못하며 오히려 내적 동기를 짓밟고 진정한 동기부여를 망치게 된다. 보상은 인간의 선한 의지 및 그 순수한 내적 동기에서 나오는 매력과 즐거움을 떨어뜨리게 되므로 장기적 안목으로 본다면 보상은 정의의 실현을 더 불완전하게 만드는 면이 있다는 것이다.

한병영을 구하는 것이 세상을 구하는 것입니다.

당근과 채찍의 효과는 표면적이거나 일시적이므로 정의 실현을 위해 장기적으로는 처벌이나 보상보다는 도덕성 강화를 통해 선행에 대한 진정한 내적 동기를 만들어 나갈 수 있는 환경을 조성하는 것이 필요하다.

위에서 본 바와 같이 당근(칭찬, 보상), 채찍(감시, 처벌)은 도덕적 자아에 영향을 미치지 못하기 때문에 그것이 위반, 일탈행위를 막고 선행을 장려하는 효과가 있다 하더라도 그 효과는 표면적이거나 일시적이고, 장기적으로는 완벽한 정의의 실현으로 나아가는 데 큰 도움이 되지 않는다.

따라서 장기적이고 보다 완전한 정의로 나아가기 위해서는 처벌이나 보상보다는 도덕성을 강화하여 선행에 대한 진정한 내적 동기를 만들어 나갈 수 있는 환경을 조성하는 것이 필요하다. 정의는 남이 나에게 해 주기를 바라는 대로 남에게 해 주어야 한다는 상호성의 원칙에 근거한 규범이며 궁극적으로는 인간의 존중, 생명의 존중, 사랑, 자비, 인(仁)의 덕성을 함양하고 실천해야 하는 문제로 귀결된다.

제19절 타인의 시선과 정의
1. 타인의 시선은 정의를 강요한다

플라톤의 「국가」에 나오는 양치기 기게스는 지진이 일어난 후 땅이 갈라져 생긴 동굴에 들어가 거인의 시체를 발견하고 그 손가락에서 반지를 빼냈다. 반지를 돌리면 눈에 보이지 않게 된다는 것을 알게 된 기게스는 가축의 상태를 보고하기 위해 궁에 들어가 왕비를 겁탈하고 그녀를 자기편으로 끌어들여 스스로 왕이 되었다. 이것은 타인의 시선이 없는 곳에서 인간의 어두운 본성이 드러나게 되는 것을 보여준다.

벤담은 이러한 특성을 간파하고 훈육이 필요한 존재들을 한눈에 볼 수 있는 일망감시시설, 원형감옥 파놉티콘(panopticon)을 제안하였다. 이곳에서 감시인은 모든 방을 볼 수 있지만 죄수들은 감시인을 볼 수 없다. 타인의 시선, 누군가 지켜보고 있다는 느낌은 사회적 순응성을 높일 수 있고 범죄예방 이론의 핵심이 되어왔다. 그러나 타인 시선의 부재는 범죄실행의 조건이 될 수는 있지만, 부정의한 행위의 근본원인이라고는 할 수 없다. 타인의 시선은 눈에 보이는 곳에서의 일탈행위를 방지할 수 있을 뿐, 도덕성을 고양시키거나 정의로운 행위에 대한 내면적 동기를 만드는 데까지는 이르지 못한다.

> 타인의 시선은 눈에 보이는 곳에서의 일탈행위를 방지하는 효과가 있다.

2. 정의의 기사는 관객을 원한다

사람들은 집단 속에서 자신의 존재를 각인시키고자 하기 때문에 자신의 선행을 보는 관객을 원한다. 관객이 있으면 더 열심히 남을 돕게 된다.

타인의 시선은 행동에 영향을 미친다. 사람들은 남이 보이는 곳에서 더 열심히 돕고 타인의 시선이 없는 곳에서는 참을성을 잘 발휘하지 않는다. 타인의 시선이 인간의 행동에 미치는 효과에 관한 실험결과에 의하면 남이 보고 있을 때 더 열심히 운동하고, 기부금을 낼 때는 봉투에 담지 않고 내게 하면 액수가 많아진다. 사람들은 도덕적으로 행동하는 것만으로는 충분하지 않다고 생각하며 타인으로부터 인정받기를 원한다.

집단 속에서 자기 이미지를 형성하고 유지하는 것은 사람들에게 있어 매우 중요한데, 어떤 사람이 도덕적으로 훌륭한 자질을 가지고 있다고 평가받는 것은 그 사람의 도덕적 자산으로서 사회생활을 영위함에 있어 타인으로부터 더 많은 협조를 얻을 수 있고 관계를 공고하게 하여 장기적으로는 사회생활에 도움이 된다. 이 때문에 대부분의 경우에 있어서는 정의의 기사는 물론이고 성자聖者도 자신을 보는 관객을 원한다는 것이다.

제20절 전쟁과 정의
1. 전쟁은 정치의 연장이다

사람들은 평화의 이름으로 또는 악을 응징하기 위해 전쟁을 해야 한다고 하지만 그 실질적 목적은 경제적 이해관계 또는 국제사회에서의 패권 획득에 있다.

　정치적 문제는 외교를 통한 설득보다 전쟁을 통해 해결하는 것이 효과적이다. 전쟁은 정치의 연장이다. 이 때문에 클라우제비츠(K.von clausewitz)는 '전쟁은 정치의 또 다른 수단'이라고 하였다. 전쟁은 자기의 뜻을 남에게 강요하는 이기적인 목적을 지니며 경제적 이익 또는 국제사회에서의 패권 획득을 위한 수단으로도 이용된다. 그러나 대부분의 경우 전쟁의 실질적 목적(자원 획득, 지배권 획득 등)은 은폐되고 평화의 이름으로 또는 범죄자의 응징을 위하여 또는 신의 이름으로 벌어지고 있으며, 현실에서는 정당한 목적의 전쟁을 찾기 힘들다. 전쟁은 힘과 폭력을 사용하여 살인 등 무법의 상태를 초래함으로써 인간의 자유와 존엄성을 훼손하고 경제적 토대와 사회구조 등 삶의 근간을 무너뜨린다.

2. 정의로운 전쟁은 존재하는가?

전쟁은 인간을 존중해야 할 주체로 다루는 것이 아니라 목적을 실현하기 위한 도구로 사용하는 비도덕적 수단이므로 정의롭다고 하기 어렵다. 그러나 부당한 침략에 의해 인간의 자유와 존엄성이 훼손되었을 때, 자유와 인권을 지키기 위한 방어전쟁, 침략의 희생자에 대한 지원을 위한 전쟁, 평화를 지키기 위한 전쟁은 정당하며 불가피하다.

다만, 그 전쟁이 정당한 수단으로 용인되기 위해서는

① 평화와 인권을 수호하기 위한 것일 것

② 전쟁 이외의 다른 수단이 없고 전쟁을 통해 해결 가능한 것일 것

③ 박해받는 국가를 위해 국제기구에 참가하여 침략자를 응징하는 것

등의 요건이 필요하다. 결국, 전쟁 그 자체가 정의로운 것은 아니라 할지라도 불의를 막고 평화와 안전을 수호하기 위한 전쟁은 정당하고 불가피한 것으로 볼 수 있다.

전쟁은 인간성을 파괴하는 비도덕적 수단이므로 정의롭다고 할 수 없으나, 불의를 막고 평화와 안전을 수호하기 위한 전쟁은 정당하고 불가피하다.

제21절 애국심과 정의
1. 집단의 구성원으로서의 의무

  인간의 삶에는 집단의 구성원으로서의 소속감, 충성심, 연대, 도덕적 구속 등 자발적 합의에서 발생한다고 보기 어려운 의무들이 있는 것이 사실이다. 매킨타이어(*Macintyre*)는 인간은 역사와 공동체에서 자신을 분리시킬 수 없다고 하였다. 매킨타이어가 주장한 자아는 서사적 자아개념(narrative conception of the self)이며 이것은 역사, 공동체에 저당 잡힌 연고적 자아(encumbered self)이다. 매킨타이어는 내가 속한 공동체에 속한 것, 내 삶에 주어진 것들이 내 도덕의 출발점이며, 내 삶에 도덕적 특수성을 부여하기 때문에 이러한 특징에 주목하지 않으면 인생의 의미를 이해할 수 없다고 했다. 즉, 자아에는 역사와 공동체에서 분리될 수 없고 벗어날 수도 없는 특수한 소속, 역사, 이야기, 서사의 굴레(공동의 업보, communal karma)가 있다는 것이다.

  매킨타이어에 의하면 국가가 현재, 과거에 했던 일을 내 책임이 아니라고 하는 태도는 도덕적인 천박함이나 무지의 반영이며, 인간은 집단적 책임이나 과거 역사의 기억으로부터 발생하는 중요한 책임을 회피할 수 없으며, 이에 대한 기억상실증적인 태도는 일종의 도덕 포기행위이다.

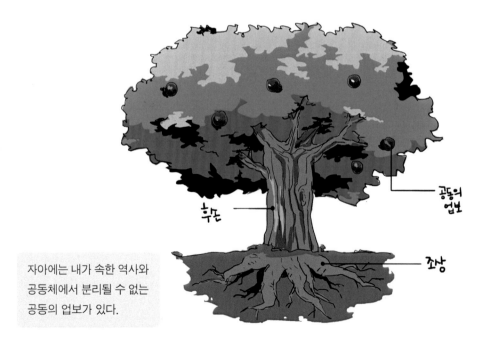

자아에는 내가 속한 역사와 공동체에서 분리될 수 없는 공동의 업보가 있다.

2. 인류보편의 가치와 도덕적 딜레마

군인들의 사기를 위해 다른나라 여자들을 잡아라!

하이

국가의 이익을 우선시하여 윤리를 저버리는 것은 정의에 반한다.

국가의 이익을 우선시하여 윤리를 저버릴 수 있다는 왜곡된 애국심은 전쟁, 인종 학살 등 정의에 반하는 결과를 초래한다. 칸트는 "세상을 인류의 시각에서 바라볼 필요가 있으며 인간에 대한 사랑이 국경선에서 멈춰야 할 이유는 없다."고 하였다. 애국심을 가지더라도 인간이 존중하는 윤리적 가치, 인류 보편의 가치를 존중하는 태도가 필요하다. 그러나 이 경우에도 도덕적 딜레마가 생긴다. 옳고 그름의 구분이 명확할 때는 인류 보편의 윤리에 따라 행동하는 것이 바람직하나, 문제는 그 구분이 명확하지 않은 경우이다.

도덕적 딜레마의 해결
- 자신의 자유와 평화, 안전을 위해 조국을 사랑해야 하지만 국가의 이익을 우선시 하여 윤리를 저버려서는 안 된다.
- 국가는 국민의 행복과 도덕관을 존중해야 하며, 애국심의 이름으로 개인의 인권 과 도덕적 이상을 침해하거나 다른 민족을 부당하게 침해해서는 안 된다.
- 애국심과 정의가 충돌할 때는 정의를 택하고, 충돌하지 않을 경우에는 양심에 따 라 행동해야 한다.

제22절 소수집단 우대정책과 정의

1. 소수집단 우대정책의 논거

소수집단 우대정책을 지지하는 견해는 과거의 잘못으로 인한 불균형 시정 또는 그로 인한 피해의 보상, 다양한 경험과 재능을 갖춘 사람을 우선적으로 고려해야 한다는 점을 논거로 내세운다.

여러 나라에서는 진학, 취업 등에 있어 소수집단을 우대하는 정책을 시행하고 있는데, 그 대략적인 논거는 다음과 같다.

- **시정 논거**(the corrective argument)
  소수집단은 과거에 불리한 대우를 받아 열악한 환경에서 지내왔기 때문에 그들의 장래성이나 잠재능력이 저평가되어 있어 학업성적과 시험결과를 액면 그대로 받아들이기 어려우므로 이들에게 가산점을 주어 그 불균형을 시정해야 한다.
- **보상 논거**(the compensatory argument)
  소수집단은 과거에 자행된 잘못으로 인하여 불리한 여건에서 살아왔기 때문에 과거의 잘못에 대한 보상차원에서 가산점을 주어야 한다.
- **다양성 논거**(the diversity argument)
  학교는 다양한 교육적 경험을 가진 다양한 학생들을 필요로 하며 여러 분야의 다양한 인재를 양성하는 것이 중요하다. 다양한 경험과 재능을 갖춘 사람들이 사회 각 분야에 골고루 진출하여 사회발전에 기여하는 것이 대학의 사회적 목적, 사회적 사명에 부합한다.

소수집단 우대정책(affirmative action)에 대한 논거 중 시정 논거와 보상 논거는 과거에 행해졌던 부당한 관행이나 잘못으로 인해 왜 과거의 역사와 관계없는 현세대가 혜택을 입거나 불이익을 받아야 하는가, 그렇다면 그것은 합리적 근거가 없는 부당한 역차별이 아닌가 하는 논란을 잠재울 수 없다. 이 때문에 오늘날은 다양성 논거가 가장 설득력 있는 주장으로 보인다.

하버드 대학과 관련된 사건에서 하버드 대학 측은 다양성 논거를 전개하여 법원으로부터 소수집단 우대정책의 합법성을 인정받았다. 사실 대학 측에서 "점수 몇 점차이는 그다지 중요하지 않다. 우리는 다양한 배경과 경험을 가진 각 방면의 인재를 필요로 한다."라고 한다면 별로 할 말이 없어진다. 대학의 자율성이 존중되는 현시대에 있어 학생 선발권은 대학에 있고 각 대학에서는 나름대로 중요하다고 생각되는 요소를 합격의 기준으로 할 수 있기 때문이다.

다만, 소수자 우대정책에 있어서 반드시 준수해야 할 것은 그 누구도 어느 집단의 사람들을 열등하거나 우수한 것으로 판단하여 배제하거나 우대하는 일이 없어야 하며, 차별에 있어서 악의적 판단이 내려지는 일이 없어야 한다는 것이다. 각 대학이나 기관에서 주관적으로 선발의 기준을 정하더라도 그것이 악의적 차별이나 자의적 배제가 되어서는 안 된다는 것이다.

NO DIS-CRIMINATION　**NO EX-CLUSION**　**NO SPECIAL TREATMENT**

소수자를 우대하는 정책을 시행할 경우 어느 집단의 사람들을 열등하거나 우수한 것으로 판단하여 배제하거나 우대하는 일이 없도록 해야 하며, 그것이 악의적 차별 또는 자의적 배제가 되어서는 안 된다.

제23절 시장의 질서와 정의
1. 시장경제체제와 개인의 이익추구

　　A국가는 독재국가로서 강력한 군대를 갖고 있고 집권층의 부정부패가 만연해 있으며 국민들이 모두 자기 이익을 추구한다. 반면에 B국가는 도덕국가로서 모두가 정직하고 검소한 생활을 하기 때문에 군인, 경찰, 재판관, 요리사, 이발사 등이 필요가 없다. A국가는 B국가를 침략하여 식민지로 삼았고, B국가의 국민들은 노예가 되었다.

　　이 같은 예는 사회적 악덕이 오히려 공공의 이익이 된다는 것을 보여주는데, 이와 같이 시장을 도입하지 않은 나라 국민들의 운명이 일찍이 자본주의와 시장경제를 도입한 서구열강들의 노예로 되었던 역사를 생각해 보면 시장은 강력한 힘을 발휘하는 것이 사실이다. 시장의 질서는 개인의 자기 이익이 악이 아니라 공공의 이익이 된다고 전제한다.

> 일찍이 시장경제를 도입한 나라들은 미개발 국가들을 침략하여 원주민들을 노예로 삼은 전례가 있다. 그것은 개인의 이익 추구와 경쟁으로 시장이 강력한 힘을 발휘하여 사회 전체의 이익을 가져왔기 때문이다.

2. 개화된 자기 이익

시장경제체제하에서 각 개인은 눈앞의 단기적 이익이 아니라 장기적 이익을 추구하는데, 밀(*J. S. Mill*)은 이것을 개화된 자기이익(enlightened self-interest)이라고 하였다. 비슷한 맥락에서 토크빌(*A. Toqueville*)은 이를 적절히 이해된 자기이해(self-interest properly understood)라고 표현하였다.

위와 같이 장기적 이익(개화된 자기이익)의 관점에서 보면, 각 개인은 시장경제체제하에서 성공하기 위해서 친절하고 부지런하며 타인의 불편함과 어려움을 잘 이해하고 그것을 해결해 주어야 한다. 개인의 능력을 극대화시키고 자아실현 및 공공의 이익에 기여하게 해 준다는 점에서 기본적으로 시장과 경쟁의 철학은 정의를 지향한다고 할 수 있다. 그러나 시장과 경쟁의 원리가 지향하는 정의는 매우 불완전하다.

시장경제체제하에서 개인은 눈앞의 이익이 아니라 장기적 이익을 추구한다.

3. 시장의 질서는 정의로운가?

개인의 합리성 추구가 반드시 공공의 이익으로 이어지지는 않는다.

범죄자의 딜레마, 공유지의 비극 등의 모형에서 볼 수 있는 바와 같이, 개인의 합리성이 반드시 공공의 이익으로 이어지지는 않는다. 어떤 경우에는 시장 기능이 제대로 작동하지 않는 시장의 실패가 나타난다는 점과 빈익빈 부익부, 소득 불균형과 승자독식의 정글자본주의화 현상은 시장이 만능이 아니라는 것을 보여 준다.

범죄자의 딜레마(prisoner's dilemma)
　범죄자의 딜레마는 증거가 없는 상태에서 공범자 두 명을 분리하여 조사할 때 서로 협력하지 못하고 각자 자기의 이익을 위하여 다른 공범자의 범죄 행위에 대하여 증거가 되는 진술을 하기 때문에 결국 두 사람 다 최선의 결과를 얻지 못한다는 것이다.
시장의 실패(market failure)
　시장의 실패는 사익 추구와 보이지 않는 손이 공익을 창출하지 못하는 것을 말한다. 예컨대 A기업이 비용 절약을 위해 폐수를 강에 버리면 A기업은 비용을 절감하여 이익을 얻을 수 있지만, 수많은 사람들이 수질오염에 따른 고통을 받아야 하고 오히려 사회적 비용이 증대되어 사회전체에 손실이 된다는 것이다.
개릿 하딘(Garrett Hardin) **- 공유지의 비극**(The tragedy of the commons)
　모든 사람들에게 개방된 목초지에서 목동들이 각자의 이익을 극대화하기 위해서 가능한 한 많은 양을 기른다면 과잉 방목으로 이어지게 되고, 그로 인해 공동 목초지가 파괴되어 모두가 피해를 입게 된다.

　개인의 합리성과 사회적 공공성이 충돌하는 영역에서는 이러한 공유지의 비극이 존재한다. 우리가 공동으로 소유하는 것(공공재 公共財 public goods)을 시장원리에 맡겨 두게 되면 이를 남용하여 자원이 고갈되어 모두가 피해를 입게 될 것이다.

제24절 승자독식
1. 고전 경제학

고전 경제학에서는 승자독식 현상을 리카도의 차액지대이론으로 설명한다. 차액지대는 토지 생산력의 차이 때문에 발생하는 지대인데, 비옥도가 높은 토지는 생산성이 뛰어나서 적은 비용으로 많은 농산물을 생산할 수 있으므로 지대도 높게 형성된다. 토지 생산력에는 엄연한 차이가 있고 이렇게 비옥한 토지는 공급이 한정되어 있으므로 희소성 때문에 기름진 토지를 가지고 있는 사람은 높은 수입을 얻을 수 있게 된다는 것이다.

고전 경제학은 승자독식 현상을 차액지대이론으로 설명한다. 토지 생산력에는 엄연한 차이가 있고 비옥한 토지의 공급은 한정되어 있으므로 기름진 토지를 가지고 있는 사람은 높은 수입을 얻게 된다는 것이다.

2. 슈퍼스타의 경제학

오늘날 가수, 운동선수, 펀드매니저, CEO들 중에서 슈퍼스타 클래스에 속하는 사람들은 다른 사람들에 비하여 훨씬 높은 수입을 올리고 있는데, 이들의 승자독식 현상 이유를 희소성이라는 한 가지 이론으로만으로 설명할 수 없다. 이에 대해 시카고 대학의 노동경제학자 셔윈 로젠은 1983년 발표한 슈퍼스타의 경제학에서 매스 미디어의 확산 등으로 소비 테크닉이 발전한 것을 그 이유로 들고 있다. 즉, TV 등 각종 매스 미디어가 발달하고 대중 전달매체, 기록매체(CD, DVD 등)가 발달하면서 슈퍼스타 1명이 더 많은 소비자에게 동시에 서비스를 제공하는 것이 가능해졌기 때문에 1등과 2등의 격차는 벌어지고 소득 불균형 또한 심화되었다는 것이다.

능력 차이가 크지 않은데도 1등이 수십 배의 수입을 얻게 되는 이러한 현상은 공적에 따른 분배가 이루어지지 못한 것이고, 그 결과 축적된 잉여자본은 자본의 선순환을 막고 기회불균등을 심화시켜 대다수의 사람들에게 좌절감과 불행을 안겨준다.

승자독식현상과 이에 따른 사회적 불평등은 생산적이고 가치있는 분야에서 인재들을 몰아내게 되고 자본주의의 위기를 심화시킨다.

오늘날 슈퍼스타들은 다른 사람의 몇 십배, 몇 백배에 해당하는 높은 소득을 올린다. 이것은 대중전달매체의 발달과 소비 테크닉의 발전 때문에 가능해진 현상이다.

3. 신자유주의와 승자독식현상의 심화

파인애플 값이
올라도 우리는
힘들고 가난해 걸뿐이군...

국경없는 무한경쟁을 추구하는 신자유주의의 물결은
경쟁력 있는 대기업과 자본가에게 유리하게 작용하여
양극화와 승자독식현상을 심화시켰다.

자유, 경쟁, 개방을 핵심가치로 내세우는 신자유주의와 세계화의 사조는 저물가, 고성장을 이끌었으나 거품경제를 형성하였고 성장의 혜택이 편중되게 되었다. 국경 없이 무한경쟁을 추구하는 신자유주의 물결은 경쟁력 있는 대기업, 자본가에게 유리하게 작용하고 중소기업, 자영업자, 노동자, 농민에게는 불리하게 작용하여 양극화와 승자독식 현상을 심화시켰다. 오히려 경제적 약자는 자본 축적의 기회가 줄어들면서 필연적으로 양극화와 빈곤화 성장(경제가 성장하여도 저소득층은 더 빈곤해지는 현상)으로 귀결되게 되었다.

양극화 현상이 심화된 원인
- 과학기술의 발전으로 기술자와 임금노동자의 소득격차가 확대되었다.
- 여성의 사회참여 증대로 고소득 남성과 골드미스의 결혼가능성이 높아졌다.
- 급여와 업무성과에 따른 인센티브가 증가하였다.
- 미디어의 발달, 세계화로 슈퍼스타의 팬층이 두터워져 슈퍼스타 효과가 발생하였다.

4. 승자독식현상에 어떻게 대처할 것인가?

자연계의 유기체가 생명을 유지하기 위해서는 순환이 필수적인데, 자본주의 역시 자본이라는 혈액이 순조롭게 순환되지 않으면 유지될 수 없는 경제체제이다. 따라서 공적에 따른 분배를 초월하는 잉여자본에 대해서는 그것이 축적되지 않고 유용하게 사용될 수 있도록 유도하는 메커니즘이 필요하다. 승자독식사회에서 저소득층은 모든 수입을 주거비, 교육비, 의료비 등에 사용하기 때문에 자본형성이 원천적으로 어렵게 되어있다. 따라서 승자독식의 결과물인 과잉자본을 주거, 교육, 의료 등 기본적 조건을 확충하는 데 사용하여 저소득층도 자본형성을 할 수 있는 여건을 조성하는 것이 필요하다.

구체적 실천방향
- 승자독식으로 과잉분배되는 자본을 재분배정책을 통하여 체제의 수혜자로부터 피해자에게 2차 배분하는 시스템이 필요하다.
- 공직자 위주의 국가 보훈체계를 이웃과 국가를 위해 봉사하고 헌신한 사람들을 감안하여 전면적으로 재구성하고, 개인의 선행에 대한 보상이 주어지는 사회 시스템을 구축하고 그것을 좀 더 다원화해 나간다.
- 기부 문화를 정착시키고 민간 복지, 봉사에 애쓴 사람들에게 명예나 존경의 상징을 부여함으로써 재산이 많은 사람보다 덕망을 갖춘 사람이 풍요롭고 행복하다는 사회 분위기를 조성해 나간다.

> 잉여자본의 축적은 자본의 흐름을
> 막고 기회 불균등을 심화 시킨다.

Revenge may be sweet but will be even bitter in return.
복수는 달콤하나. 그러나 그것이 되돌아 올 때는 한층 더 쓰다.

복수는 거듭된 보복으로 이어지며 더욱 잔인한 방법으로 되돌아온다.

Blood will have blood.
피는 피를 부른다.

An eye for an eye only ends up making the whole world blind.
눈에는 눈을 고집한다면 세상은 눈이 멀게 된다.

Justice is a contract of expediency, entered upon to prevent men harming or being harmed.
정의란 인간이 서로 해치지 않도록 하기 위한 편의적인 계약이다. -에피쿠로스

Power is justice.
힘이 곧 정의다.

사람들은 정의라는 것을 강하게 할 수 없었기 때문에 강한 것을 정의로 만들어 정당성을 부여하고자 하였다(파스칼). 홉스에 의하면 평화가 무엇보다 중요하기 때문에 자유의 희생이 따르더라도 강력한 법을 만들어 만인대 만인의 투쟁상태에 종지부를 찍어야 했다. 평화는 폭군적인 힘 아래에서만 유지되며 따라서 힘이 곧 정의다.

Justice without force is powerless; force without justice is tyrannical.
힘없는 정의는 무력하고 정의가 없는 힘은 폭력에 지나지 않는다.

힘은 법의 필요조건이며 정의는 법의 충분조건이다.

In the absence of justice, sovereinty is just the organized robbery.

정의가 부재할 때 통치권은 조직된 강탈에 지나지 않는다.

Power without justice falls of its own weight.

정의가 없는 힘은 스스로의 무게로 무너진다.

When eyewitnesses talk justice is distorted.

증인이 말할 때 정의는 왜곡된다.

증인은 사건 당사자와 이해관계가 있고 인간은 눈에 보이는 것에 현혹되어 본질을 바로 보지 못하는 경향이 있기 때문에 증인의 말은 진실을 왜곡하는 경우가 많다.

The law must not stand still.

법은 정지해 있는 것이어서는 안 된다.

Delay is the deadliest form of denial.

지연은 가장 치명적 형태의 거절이다.

Justice delayed, is justice denied.

지연된 정의는 실현되지 못한 정의다.

A merciful and tolerant society will be the one in which nobody wants to live.

자비와 관용이 넘치는 사회는 누구도 살고 싶지 않은 사회가 될 것이다.

자기의 이익을 추구하는 인간 본성으로 볼 때, 법이 자취를 감추고 자비와 관용이 넘치는 사회는 모두가 자력구제에 나서게 되고 본능의 부름에 이끌려 야생의 정의(복수)를 택함으로써 온 나라가 쑥대밭이 될 것이다.

The sword of justice has no scabbard.
정의의 칼에는 칼집이 없다.

To be kind the wolf is to be cruel to the lamb.
이리에게 친절하다는 것은 양에게는 잔혹한 결과가 된다.

Charity isn't a good substitude for justice.
자선은 정의를 대신할 좋은 대용품은 아니다.

법이 집행되지 않고 살인과 약탈이 난무한다면 좋은 사회가 될 수 없다.

A teardrop on earth summons the king of heaven.
지상의 눈물 한 방울은 천국의 왕을 불러낸다.

자비는 법과 강제, 폭력을 수단으로 하지 않고 그 자체가 본질적으로 평화를 만든다. 따라서 법과 정의만으로는 좋은 사회를 만들기 어려우며 자비(사랑)에 기반을 둔 사회가 더 이상적인 사회이다.

Strict law is often great injustice.
엄한 법은 종종 커다란 불의다.

인간의 본성을 억압하는 비현실적인 법을 제정하여 시행하면, 대부분의 사람들은 불편을 겪게 되고 범법자가 되어야 한다.

Mercy often bears richer fruits than strict justice.
때로는 가혹한 정의보다 자비가 더 큰 결실을 맺는다.

Extreme application of law brings extreme injustice.
극단적인 법의 적용은 극단적인 부정의를 낳는다.

미국의 금주법은 주류산업을 둘러싼 마피아들의 전쟁, 스트레스, 자살 등으로 2만명 이상의 죽음이라는 엄청난 부작용을 초래한 끝에 막을 내렸다.

Rigid justice is the greatest injustice.
경직된 정의는 가장 큰 불의다.

근대 초기 영국 청교도들이 만든 '간음 금지법'은 혼외 정사를 한 사람들에게 사형을 선고하도록 하였다. 이 법대로라면 결혼 후 6개월 만에 딸을 출산한 셰익스피어도 사형을 당했어야 했다.

Law too gentle are seldom obeyed; too severe, seldom excuted.
지나치게 관대한 법은 지켜지는 일이 드물고, 지나치게 엄격한 법은 시행되는 일이 드물다.

The virtue of justice consists in moderation, as regulated by wisdom.
정의의 미덕은 현명함에 의해 조절되는 중용에 있다.

방만한 법 집행과 극단적인 법 집행은 모두 부정의를 낳는다.

Middle path is a queen sitting on top of the head of king.
중용은 왕의 머리 꼭대기에 앉아있는 여왕이다.

중용을 실천하면 천지가 제자리를 찾고 만물이 자라게 되며 지선至善의 상태에 이르게 된다. -주희 「중용」

Everything Hitler did in Germany was legal.
히틀러가 독일에서 했던 모든 것은 합법적이었다.

현실의 법은 수 많은 약점과 한계를 가지고 있다.

Law that do not embody public opinion can never be enforced.
여론을 구현하지 않는 법들은 결코 집행될 수 없다.

보편 이성으로 용납할 수 없는 법률이 시행되고 있어 법을 지키는 것이 오히려 정의에 반하는 결과를 초래할 때는 시민 불복종, 저항권의 행사가 검토될 수 있다.

Legal mind and language sometimes cajole justice.

법률적 사고와 언어는 때때로 정의를 농락한다.

베니스의 상인에 나오는 포샤의 "고기를 샀지만 거기에 포함된 피는 안 샀다."는 논리는 사과를 팔았지만 사과즙은 안 팔았다는 것과 같은 논리로써 유대인에 대한 부당한 차별이었다.

Laws grind the poor and rich men rule the law.

법은 가난한 사람들을 착취하고 부유한 사람들은 법을 다스린다.

Favor and gifts disturb justice.

호의와 선물들은 공정함을 방해한다.

Those pursuant to justice disfavor the intelligent.

정의 구현에 매진하는 사람들은 지식인들을 탐탁지 않게 생각한다.

지식인들은 완벽한 정의를 꿈꾸는 결벽증으로 쉽사리 행동에 나서지 못하고 주저하다가 피해를 키운다. 햄릿은 그 전형적인 인물이다.

A minority opposer proposes the ideal justice.

소수의 반대자는 이상적 정의를 제시한다.

다수의 견해는 현실세계를 껴안기 때문에 당대의 호응을 얻는다. 반면 소수의 의견은 현실에 맞지 않는 이상적 정의를 논하는 경우가 많다. 그러나 세월이 흘러 여건이 성숙되고 추가 작업이 이루어지는 경우에 인정을 받게 된다.

Being idealistic really helps you overcome some of the many obstacles put in your path.

이상주의적인 것은 길에 놓인 많은 장애물들의 일부를 극복하는 것을 돕는다.

이상에 치우치는 것은 현실적으로 위험한 결과를 초래하기 쉬우나 이상은 더 나은 세계를 추구하기 때문에 장애물들을 극복해 나가는 데 도움이 된다.

Some rise by sin, and some by virtue fall.
죄를 짓고 잘되는 사람도 있고 덕을 베풀고 망하는 사람도 있다. -셰익스피어

The universe doesn't bend itself towards justice.
세계는 제 발로 정의를 향해 가지 않는다.

악인이 천벌을 받고 우주의 섭리에 따라 응징을 당한다는 것은 문학작품에서나 나오는 이야기일 뿐, 현실은 순리적 정의를 차갑게 외면한다. 정의가 언젠가 바로 서게 될 것이라는 헛된 믿음에서는 헛된 위안만을 얻을 수 있을 뿐이다.

For evil to flourish, it only requires good men to do nothing.
악이 번성하기 위해서는 좋은 사람들이 아무것도 하지 않는 것을 필요로 한다.

악인이 천벌을 받고 세계가 정의를 향해 나아간다는 순진한 믿음에 홀려 아무것도 하지 않는다면 정의로운 세상은 기대하기 어려울 것이다.

Let everyone sweep in front of his own door and the whole world will be clean.
모든 사람들로 하여금 각자의 문 앞을 쓸게 한다면 세상은 깨끗해질 것이다.

It's better to cultivate one's garden than to call for justice.
정의를 외치는 것보다 자신의 정원을 가꾸는 것이 더 낫다.

정의를 떠드는 것은 실천하는 것보다 훨씬 쉬운 일이다. 정의가 강물처럼 흐르게 하겠다고 외치는 사람들보다는 자신의 정원을 가꾸는 것처럼 구체적인 일을 하는 사람이 세상을 더 아름답게 한다.

A noisy man is always in the right.
시끄러운 사람이 항상 정의로운 것이 된다.

There are thousands willing to go great things.
위대한 일을 하려는 사람은 수천 명이 있다.

Some folks in this world spend their whole time hunting after righteousness and can't find any time to practice it.

세상 사람들은 정의를 추구하는데 모두 시간을 허비하고 정작 그것을 실천할 시간은 없다.

Democracy is a form of corrupt politics, mobocracy.

민주정치는 타락한 정치형태로서의 중우정치이다.

플라톤은 스승 소크라테스의 죽음을 계기로 민주정치의 폐해를 실감하였다. 플라톤에 의하면 민주정치는 중우정치의 재난에 빠져 멸망하게 된다. 따라서 플라톤은 과업을 수행하는 사람들이 적재적소에 바르게 배치되고 덕망 있고 현명한 전문가가 통치하는 전문가 통치를 지향하였다. 가장 훌륭한 이들을 엄격하게 선발해야 하고 다수의 판단력에 의존해서는 안 된다는 플라톤의 철학은 오늘날에도 중요한 의미를 지닌다.

Politician think of the next election.

정치꾼은 다음 선거를 생각한다.

Justice is the constant and perpetual will to allot to every man his due.

정의는 각자에게 합당한 몫을 부여하려는 지속적이고 항구적인 의지이다. -울피아누스

The greatest happiness of the greatest number is the foundation of morals and legislation.

최대 다수의 최대 행복이 도덕과 입법의 기초다.

벤담은 최대한 많은 사람들이 이익을 볼 수 있는 특정한 상태를 만들어 내는 것이 도덕과 입법의 기초가 되어야 한다고 하였다.

It is better to be a human being dissatisfied than a pig satisfied; better to be Socrates dissatisfied than a fool satisfied.

배부른 돼지보다는 배고픈 인간이, 만족한 바보보다는 불만족한 소크라테스가 낫다.

벤담은 모든 쾌락은 동등한 가치를 가진다는 잘못된 전제하에서 개인의 행복 또는 불행

을 수량으로 계산할 수 있다고 생각하였다. J·S밀은 이 견해에 동의하지 않았으며, 쾌락의 질을 중요하게 생각하였다. 밀은 쾌락의 기준은 인간이 가진 가치에 있기 때문에 인간 고유의 능력을 최대한 사용하여 좀 더 질 높은 쾌락을 통해 진정한 행복에 이르게 하는 것이 중요하다고 보았다.

Unequal distribution of wealth and power has destroyed every previous civilization.

부와 권력의 불공평한 분배는 이제까지의 모든 문명을 파괴해 왔다.

Inequality should not be justified by competence or contribution of an individual.

불평등은 개인의 능력이나 공적에 의해서도 정당화될 수 없다.

인간은 타고난 조건이 다르고 사회제도로 인하여 불리한 출발점에서 시작하거나 유리한 조건이 부여되는 불평등이 생겨나기도 하므로 불평등은 능력이나 공적에 의해서도 정당화될 수 없다.

Some people are born on third base and go through life thinking they hit a triple.

어떤 사람들은 3루에서 태어나고도 자신이 3루타를 쳤다고 생각하면서 세상을 살아간다. -베리 스위처(Barry Switzer)

Talent is God-given. Be humble!

재능은 하늘이 준 것이다. 겸허하라!

존 롤스는 부모로부터 물려받은 엄청난 재산이 스스로의 능력으로 성취된 것이 아니기에 정당하지 않은 것처럼 자연적으로 주어진 재능이나 능력에 대한 대가를 요구하는 것도 마찬가지로 정당하지 않다고 보았다.

It is not acceptable to steal a candle stick to read the bible.

성경을 읽기 위해 촛대를 훔치는 것이 허용되는 것은 아니다.

정당한 목적을 위해서는 어떤 수단도 사용할 수 있다는 생각은 효율지상주의, 결과지상주의로 부정부패, 사회혼란, 가치관의 혼란으로 귀결될 수 있다. 따라서 정의는 그 내용도 중요하지만 정의가 만들어지는 절차가 공정한 조건을 충족시키는 것이어야 한다.

Law is not perfect but it is the best available means of justice.
법은 완전하지는 않지만, 정의를 실현할 수 있는 이용가능한 가장 좋은 수단이다.

현실에서는 공정한 결과를 보장할 수 있는 절차가 존재하지 않는다. 법은 오류 가능성이 있다는 점에서 불완전한 절차이다. 그러나 불완전하다고 하여 항상 해당 절차에 문제를 제기하고 불신하는 태도는 더 큰 부정의를 낳을 수 있다.

Pursuit of perfection results in the distance from justice.
완벽을 추구하는 것은 오히려 정의에서 멀어지는 결과를 초래한다.

재판은 승소할 사람이 패소하고, 유죄인 사람이 무죄가 선고되기도 하며 친자확인 역시 1%의 오류 가능성이 있다는 점에서 불완전한 것이다. 그러나 불완전하다고 해서 항상 문제를 제기하고, 개별적 특수성에 집착해서 완벽하게 정의를 얻으려는 시도는 오히려 더 정의에서 멀어지는 결과를 초래한다. 케이크 자르기와 같은 완전 절차적 정의가 이상적이기는 하나, 현실적으로는 불완전한 절차적 정의가 최선의 대안이다.

Punishment leads obedience.
처벌은 복종을 이끌어 낸다.

처벌은 즉각적인 복종을 이끌어 내는 효과가 있다. 그러나 처벌은 명예를 실추시키고 개인의 도덕성을 고양시키지는 못하기 때문에 장기적으로는 그 효과가 생각보다 크지 않다.

Shame may restrain what law does not prohibit.
수치심은 법으로 금지하지 못하는 것을 제기할 수 있다.

인간은 처벌보다 가까운 사람들과의 심리적 유대관계가 끊어지거나 배척당하는 것을 두려워한다. 따라서 도덕성을 강화하여 나가는 것이 장기적으로는 정의 실현에 도움이 된다.

Reward drives away intrinsic motivation of behavior.
보상은 행위의 내적 동기를 몰아낸다.

보상은 정의로운 행동을 이끌어 내는 효과가 있다. 그러나 기꺼이 남을 돕는 행위에 대해 보상이 반복되면 보상이 행위의 동기가 되어 인간의 선의지 및 순순한 내적 동기를 몰아 내게 되어 장기적으로는 정의 실현을 더 불완전하게 할 수도 있다.

The eyes of others are effective to prevent deviance in a visible spot.

타인의 시선은 눈에 보이는 곳에서의 일탈행위를 방지하는 데 효과적이다.

타인의 시선은 눈에 보이는 곳에서의 일탈행위를 방지하는 효과가 있을 뿐 정의로운 행위에 대한 내면적 동기를 만들어 내는 데까지는 이르지 못한다.

Knight of justice wants his viewers.

정의의 기사는 관객을 원한다.

사람들은 도덕적으로 행동하는 것만으로 충분치 않다고 생각하며 타인으로부터 인정받기를 원한다. 인정받는다는 것은 개인의 도덕적 자산으로, 장기적으로는 사회생활에 도움이 되기 때문이다.

A sense of justice is mingled with vanity.

정의감은 허영심과 섞여 있다.

기부금은 공개될 때 그 액수가 더 많아진다. 정의감에는 자신이 훌륭한 도덕적 자질을 가지고 있는 것으로 다른 사람들에게 각인시키고자 하는 의도도 섞여있는 경우가 많고 정의의 기사도 자신의 영웅적 행위가 알려지기를 바라는 경우가 많다.

There is no righteous war.

정의로운 전쟁은 없다.

대부분의 경우 전쟁의 실질적 목적은 국제사회에서의 패권획득, 경제적 이익의 획득에 있다. 전쟁은 정치의 또 다른 수단이며 정의롭지 못하다. 그러나 평화와 안전을 수호하기 위한 전쟁은 정당하고 불가피하다.

All who wage war must try to stifle to voice of conscience within themselves.

전쟁을 벌이는 사람들은 내부의 양심의 목소리를 억제하고자 노력한다.

전쟁을 일으키는 사람들은 정치적 문제를 해결하기 위한 방법으로 전쟁을 이용한다. 그들은 전쟁의 이기적 목적을 은폐하고 정의 또는 평화의 이름으로, 신의 이름으로 전쟁을 벌인다.

War against a foreign country only happens when the moneyed classes think they are going to profit from it.

외국과의 전쟁은 부유층이 그것으로부터 이익을 얻을 것이라고 생각하기 때문에 일어난다.

Justice is not thought to be separated from the history and community that I belong to.

정의는 내가 속한 역사와 공동체에서 분리하여 생각할 수 없다.

조국과 영토를 수호하는 것은 생존을 위한 필수적인 조건이며, 인간의 삶에는 집단의 구성원으로서의 의무가 있는 것이 사실이다. 사람은 역사와 공동체에서 자신을 분리시킬 수 없으며 민족, 국가로부터 유산과 빚을 동시에 물려받는다. 따라서 국가가 했던 일을 내 책임이 아니라고 하는 것은 온당치 못하다.

Patriotism varies, from a noble devotion a moral lunacy.

애국심은 고귀한 헌신에서부터 도덕적 정신 이상까지 다양하다.

전쟁, 인종학살, 성노예 책임을 부정하는 등 자신의 국가 이익을 위해 윤리를 저버리는 왜곡된 애국심도 있다.

There is no reason for the love of mankind to be stopped at the frontier line.

인간에 대한 사랑이 국경선에서 멈춰야 할 이유는 없다.

자신의 자유와 평화, 안전을 위해 조국을 사랑해야 한다. 그러나 자국의 이익을 위해 윤리, 인류 보편의 가치를 저버려서는 안 되며 애국심의 이름으로 다른 민족을 부당하게 침해해서는 안 된다.

Hatred is never ended by hatred. Revenge is completed with forgiveness.

증오는 증오로 종식되지 않는다.
복수는 용서로 완성된다.

복수는 거듭된 보복으로 이어지고 복수의 순환고리가 형성되면 사회는 제어할 수 없는 혼란에 빠지게 된다. 복수로 인한 폭력의 반복과 교환을 단절시키기 위한 현실적 해결책은 처벌 권한을 국가가 독점하여 법치주의를 확립하는 길밖에 없다. 그러나 법치주의로도 갈등을 완전히 해소할 수는 없으며 증오는 용서로써만 해소될 수 있다.

Talent is not for caging, but for the world to share.

재능은 새장에 가두기 위해서가 아니라,
세상 사람들이 공유하기 위해서
우리 곁에 있는 것이다.

Do not fear to be eccentric in opinion, for every opinion now accepted was once eccentric.

견해에 있어서는 유별난 것을 두려워하지 마라, 지금 받아들여지는 모든 견해도 한때 는 유별났으므로.

소수의 반대 의견은 이상적이고 비현실적이어서 당대의 호응을 얻지 못한다. 그러나 시대가 변하고 여건이 성숙되면 그것이 옳은 방향이었다고 인정을 받게 되는 경우가 흔히 있다. 예컨대 1857년, 흑인 노예가 미국 시민이라는 견해는 소수의견이었으나 그 후 미국연방수정헌법 제14조는 모든 미국인이 평등한 권리를 보장받을 수 있게 했다. 소수의 반대 의견은 현실에 맞지 않을지라도 더 나은 미래를 기약할 수 있기 때문에 존중될 필요가 있다. 그러나 모든 소수의견이 존중되어야 하는 것은 아니다. 인간을 인간으로서 존중하지 않고 폭력으로 유지되는 전체주의 세습 독재를 옹호하는 견해는 단호하게 배척되어야 한다.

There is plenty of courage among us for abstract, but not for the concrete.

우리는 추상적인 것을 위해서는

많은 용기가 있으나

구체적인 것을 위해서는 그렇지 않다.

정의는 당장 눈에 보이지 않고 갈 길은 멀다. 사람들이 큰 정의를 떠들어 대면서도 작은 구체적인 약속을 하지 않는 이유는 구체적 약속은 지켜야 하는 데 반해 정의를 실현하겠다는 등의 거대담론은 추상적이어서 그것을 지키지 않아도 되기 때문이다. 따라서 보이지 않는 큰 정의를 떠들어대는 사람보다는 눈에 보이는 사소한 불편을 고쳐나가겠다는 구체적 약속을 하는 사람이 더 정의실현에 가까이 있다는 것이다.

Life is not fair; get used to it.

인생은 공평하지 않다.
이 사실에 익숙해져라.

빌 게이츠

Inequalities are only satisfied when the better off try to improve the life of society's worst off.

불평등은 최대 수혜자가 최소 수혜자의 편익을 증진시키고자 할 때만 용인될 수 있다.

존 롤스는 재능과 능력이 뛰어난 개인이 사회적 소득과 부를 더 많이 받아서는 안 된다는 평등주의 이상은 인간의 성취 욕구를 꺾게 되어 개인의 발전을 저해하고 사회적으로 불이익이 될 것이므로 이러한 현실에 대한 타협책으로 위와 같은 차등의 원리를 제안하였다.